新型农技服务平台的
建设与应用实例

齐康康　王　帅　樊阳阳　著

中国农业出版社

北　京

前 言

<<<

　　山东省农业科学院牢牢把握习近平总书记视察时作出的"给农业插上科技的翅膀"重要指示精神，扎实开展党史学习教育"我为群众办实事"实践活动，按照院党委"我为'三农'作贡献"的部署要求，集聚人才、技术等优势资源，开发建设了新型农技服务平台——"舜耕科技一键帮"。

　　"舜耕科技一键帮"服务平台是山东省农业科学院推出的以微信小程序为载体，面向生产一线农业从事者，具有易用性、直通性、快捷性特点的农业领域一键帮扶工具。目前，"舜耕科技一键帮"服务平台已覆盖小麦、棉花、玉米等多个农业领域，山东省农业科学院近 700 位高层次专家入驻平台并开展农业科技服务。

　　"舜耕科技一键帮"服务平台是贯彻落实习近平总书记"给农业插上科技的翅膀"重要指示精神的体现，是沂蒙精神"水乳交融、生死与共"的实践行动，是探索构建科研专家与老百姓"利益共享、风险共担"利益共同体的试金石。

　　"舜耕科技"是山东省农业科学院面向山东省农业农村开展农业科技服务的公益服务品牌，"舜耕科技一键帮"作为一种新型农技服务平台是其重要组成部分，是"舜耕科技"服务团开展科技帮扶工作的重要手段。

　　"舜耕科技一键帮"作为一种新型农技服务平台，其特点体现在用户只要有微信就可以使用，免去了烦琐的注册登录，一键即可进入服务平台，可以一键寻找各领域专家、一键了解专家情况、一键直连专家手机、一键拍照上传图片、一键开启农业问题留言。

　　"舜耕科技一键帮"作为公益性的农业问题解决工具，目前已经实现了以下功能：①在线查询专家信息，在线预约农业专家，通过手机和座机进行电话咨询；②用户和专家可以采用发送文字、上传图片的方式进行一对一留言沟通；③统计农业农村热点问题及其地理信息，获取专家帮扶工作数据；④上传图文、视频技术材料，用户可以点击观看慕课资料，学习最新的农业知识。"舜耕科技一键帮"可以让用户足不出户就解决各类农业生产问题，减少沟通成本，提供 24 小时一站式全方位农业科技服务，初步实现"专家服务不打烊"，将对山东省农业科学院最新科研成果、农业技术推广在全省全覆盖发挥积极作用。

　　我们将持续开发"舜耕科技一键帮"新功能，精准对接革命老区农业农村发展需求，深入推进"我为老区人民作贡献"工作，打破农业科技专家与老区人民交流的空间障碍、时间障碍，让老区人民第一时间了解新技术、掌握新技术、应用新技术，实现老区农业农村高质量发展，为打造科技支撑型乡村振兴齐鲁样板作出贡献。

　　著者作为"舜耕科技一键帮"服务平台建设项目的主要负责人，亲历平台的整个建设过程。建设过程中因平台关联面广、内容多、时间紧、技术要求高，中间遇到过很多难题，在山东省农业科学院多个部门的通力合作下，较好地解决了这些难题。为此，著者将服务平台建设的相关内容和经验整理出版，也希望能够给相关从业人员提供借鉴。

　　由于时间仓促，书中难免有不妥之处，敬请读者批评指正！

著　者

2024 年 10 月

目 录

<<<

第一章
新型农技服务平台建设综述

1.1 平台建设背景

我国高度重视农业农村发展，提出实施乡村振兴战略，明确要走中国特色的农业现代化道路。乡村振兴战略的核心内容包括产业振兴、人才振兴、文化振兴、生态振兴和组织振兴，要求提高农业质量效益和竞争力，加快推进农业农村现代化。在这一大背景下，各级政府和有关部门积极探索创新，力求在乡村振兴的各个方面取得突破性进展，为"舜耕科技一键帮"服务平台的建设提供了政策支持和发展机遇。

国家高度重视农业信息化发展，出台了一系列政策文件，推动大数据、物联网、人工智能等现代信息技术在农业中的应用。《数字乡村发展战略纲要》提出，要优化农业科技信息服务，完善农业科技信息服务平台，推动农业数字化转型，强化农业农村科技创新供给量。这些政策为"舜耕科技一键帮"服务平台提供了良好的支持，使其能够通过信息化、数字化手段有效地服务农业生产和管理。

在农业发展方向上，国家倡导农业绿色发展，提出要加快农业生产方式转变，实现农业可持续发展。《"十四五"全国农业绿色发展规划》中明确提出，深入实施创新驱动发展战略，加快农业绿色科技自主创新，构建农业绿色发展技术体系，推进要素投入精准减量、生产技术集约高效、产业模式生态循环、设施装备配套齐全，推动农业科技绿色转型。山东省积极响应国家号召，大力推广绿色生产技术，为"舜耕科技一键帮"服务平台的推广和应用提供了环保和可持续发展的理念基础。

山东省作为我国的农业大省，农业资源丰富，生产条件优越。山东省耕地面积广阔，农作物品种繁多，特别是小麦、玉米、花生等主要农产品产量位居全国前列。近年来，山东省加大了农业基础设施建设力度，提升了农业机械化和现代化水平。这些农业生产基础，为"舜耕科技一键帮"服务平台的实施提供了坚实的物质基础和良好的发展环境。

此外，山东省农业产业结构多样，形成了粮食、经济作物、果蔬、畜牧、水产等多元化发展的格局。山东省的苹果、大姜、蒜等特色农产品在国内外市场具有较强的竞争力。同时，现代农业园区、生态农业示范区和特色农产品基地建设取得了显著成效。这些多样化的农业产业结构，为"舜耕科技一键帮"服务平台提供了丰富的应用场景和广阔的市场前景。

山东省高度重视农业科技推广与应用，农业科研力量雄厚，农业科技服务体系逐步完善。通过建立农业技术推广站和示范区，推动新技术、新品种的引进和应用，极大地提高了农业生产的科技含量和效益。"舜耕科技一键帮"服务平台借助山东省强大的农业科研力量和完善的科技服务体系，将最新的农业科技成果及时传递给广大农民，帮助其提高生产效率和经济效益。

综上所述，国家的乡村振兴战略、数字农业发展政策、农业绿色发展理念以及山东省良好的农业生产基础、多样化的农业产业结构和强大的农业科技推广体系共同构成了"舜耕科技一键帮"服务平台建设的坚实背景和有力支撑。这些因素为平台的建设和推广提供了丰富的资源和广阔的空间，使其能够在服务农业生产、促进农业现代化方面发挥重要作用。

1.2 平台建设目标

依据习近平总书记视察山东省农业科学院时作出的"给农业插上科技的翅膀"重要指示精神，扎实开展党史学习教育"我为群众办实事"实践活动，按照山东省农业科学院党委"我为'三农'作贡献"的部署要求，集聚人才、技术等优势资源，开发建设了"舜耕科技一键帮"服务平台。

"舜耕科技一键帮"是山东省农业科学系统率先推出的以微信小程序为载体，面向省内生产一线农业从事者，具有易用性、直通性、快捷性特点的一键帮扶工具。目前，已覆盖小麦、棉花、玉米等近50个农业领域，山东省农业科学院近700位高层次专家入驻并开展服务。"舜耕科技一键帮"服务平台是实践沂蒙精神"水乳交融、生死与共"的具体体现，是探索构建科研专家与老百姓"利益共享、风险共担"利益共同体的试金石。"舜耕科技一键帮"服务平台精准对接山东省革命老区农业农村发展需求，深入推进"我为老区人民作贡献"工作，打破农业科技专家与老区人民交流的空间障碍、时间障碍，让老区人民第一时间了解新技术、掌握新技术、应用新技术，为实现老区农业农村高质量发展、打造科技支撑型乡村振兴齐鲁样板作出贡献。

本平台在使用上只需要用户有微信即可，一键就能进入服务平台，可以一键寻找各领域专家、一键了解专家情况、一键直连专家手机、一键拍照上传图片、一键开启农业问题留言等。

建设"舜耕科技一键帮"服务平台旨在通过信息化手段，为山东省农民提供全方位、多层次的服务，系统性解决农业生产中的实际问题，从而显著提升农业现代化水平。具体目标包括以下几个方面。

（1）提升信息获取和传播效率

建立综合性的农业信息数据库，集成和发布农业领域生产管理等重要资讯。通过高效的信息采集和传播机制，农民能够及时了解市场行情、政策动向，从而作出更为科学和理性的生产决策，降低生产风险，提高生产效益。建立的农业信息数据库提供了农业技术专家服务、农技资料查询、农业技术问题咨询等功能。

（2）提高农业生产管理水平

推广先进的农业技术和现代管理方法，提供在线咨询和培训服务，帮助农民提升生产技能和管理能力。通过专家指导和技术支持，农民可以掌握最新的种植、养殖技术，优化生产流程，提高农产品质量和产量，且相关的农业技术问题也可及时向权威专家进行咨询，提升农业管理过程的高效性，从而实现精细化管理和高效生产。

（3）推动农业科技创新与应用

平台将引进和推广新兴的数字农业技术，包括大数据、图像处理等，通过技术培训和指导，帮助农业从业者快速掌握和应用农业技术，推动农业生产方式的转变。科技创新与农业技术的应用，将为农业现代化提供持续的动力，促进农业生产的智能化、精准化和高效化发展。

（4）保障平台安全和稳定

建立健全的信息安全管理体系，保障"舜耕科技一键帮"服务平台的数据安全、用户隐私和系统稳定性。通过数据加密、访问控制、安全审计等措施，有效防范各类网络安全风险和威胁，确保服务的持续可靠性和用户信任度。平台安全和稳定的保障，是平台可持续发展的基础，能够确保用户数据的机密性和完整性。

1.3　平台建设任务

"舜耕科技一键帮"服务平台的建设任务涵盖了从数据资源管理到技术推广的多个方面，旨在为山东省的农业现代化提供全面支持。平台建设任务如图 1.1 所示。具体的 5 项任务如下。

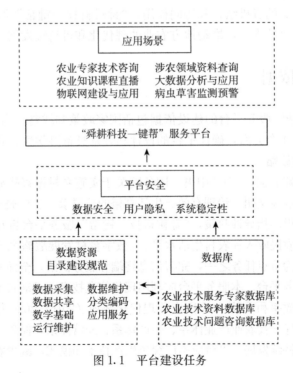

图 1.1　平台建设任务

（1）编制相关数据资源目录

依据数据资源目录相关编制规范，结合山东省农业技术服务平台的实际需要，编制"舜耕科技一键帮"服务平台相关的数据采集、数据维护、数据共享、分类编码、数学基础、应用服务和运行维护等数据资源目录建设规范。

（2）建设服务平台数据库

在农业技术服务体系下，建设"舜耕科技一键帮"服务平台数据库，包括农业技术服务专家数据库、农业技术资料数据库、农业技术问题咨询数据库 3 个子库，并在农业技术问题咨询数据库的基础上，建设平台农业问题地图。

（3）搭建在线技术咨询平台

设计并实现"舜耕科技一键帮"服务平台的在线技术咨询功能，支持农民和相关从业者随时随地向专家提问、交流技术问题，通过即时通信和远程会议技术，打破地理和时间限制，获得专家即时反馈和指导。

（4）推广应用新技术

积极引进和推广新兴的数字农业技术，如农业专家技术咨询、涉农领域资料查询、农业知识课程直播、大数据分析与应用、物联网建设与应用、病虫草害监测预警等。这些技术的推广有助于提升农业生产效率、降低成本，并促进资源的合理利用和环境的可持续发展。

（5）加强平台安全保障

建立健全的信息安全管理体系，保障"舜耕科技一键帮"服务平台的数据安全、用户隐私和系统稳定性。通过数据加密、访问控制等措施，有效防范各类网络安全风险和威胁，确保服务的持续可靠性。

通过上述 5 项任务的有机结合和协同作用，"舜耕科技一键帮"服务平台将为农民提供更便捷、更高效的科技支持，推动地方农业的现代化和可持续发展。

1.4 平台建设依据

"舜耕科技一键帮"服务平台的建设依据包括国家政策和战略、山东省农业发展现状、技术趋势和用户需求 4 个方面，确保平台的设计和开发具备科学性、合规性和可操作性。

（1）国家政策和战略

在国家政策和战略方面，《中共中央　国务院关于实施乡村振兴战略的意见》提出了产业兴旺、生态宜居、乡风文明、治理有效、生活富裕的总要求。乡村振兴战略是"舜耕科技一键帮"服务平台建设的指导性政策，"舜耕科技一键帮"服务平台旨在通过信息化手段促进农业现代化、提高农民收入和农村生活水平。《数字乡村发展战略纲要》明确将加快乡村信息基础设施建设作为重点任务之一，完善信息终端和服务供给，全面实施信息进村入户工程，构建为农综合服务平台。本服务平台应利用现代信息技术，推动农业全产业链的数字化转型，提升农业生产效率和质量。《全国农业现代化规划（2016—2020 年）》提出要加快转变农业发展方式，构建现代农业产业体系、生产体系、经营体系，保障农产品有效供给、农民持续增收和农业可持续发展。平台应推广绿色生产技术和模式，减少农业面源污染，保护农业生态环境。

国家的乡村振兴战略、数字农业发展政策、农业绿色发展理念为"舜耕科技一键帮"服务平台的建设提供了强有力的建设依据、明确的方向和坚实的基础。

（2）山东省农业发展现状

山东省作为我国农业大省，拥有丰富的农业资源和良好的生产基础。2023 年，山东省农林牧渔总产值达到 12 531.9 亿元，按可比价格计算，比上年增长 5.1%，增速比上年提高了 0.3 个百分点。农业经济总量连续 2 年稳定在 1.2 万亿元以上，农业大省地位进一步稳固。山东省粮食作物、经济作物和畜牧业发展相对均衡，但在现代化生产和管理方面仍有显著提升空间，应进一步强化对乡村振兴战略实质的探索与认知，逐步掌握在乡村振兴背景下发展农业经济的有效模式。"舜耕科技一键帮"服务平台应提供现代化的生产管理工具和技术支持，帮助农民提升生产效率和产品质量。山东省的农业产业结构多样，涵盖粮食作物、经济作物和畜牧业等多个领域。"舜耕科技一键帮"服务平台应根据各产业的特性，提供针对性的技术服务。例如，针对小麦、棉花、玉米等主要作物，平台应提供全面的生产管理技术指导，包括种植方案、病虫害防治以及收获和储存技术等方面的详细建议。

此外，虽然山东省在农业科技推广方面具备较好的基础，但是科技成果的转化和应用仍需进一步加强。"舜耕科技一键帮"服务平台应强化与科研机构和高校的合作，推广先进的农业科技成果，帮助农民应用新技术、新品种和新模式，提升生产效率和产品质量。平台通过提供综合性的技术服务，可以有效弥补农民在科技应用中的短板，推动农业生产现代化发展。

同时，平台应提供在线提问和技术咨询服务，提升农民的科技素养和生产管理水平。这些服务应包括从基础农业知识到高级生产管理技术全方面的内容，以满足不同层次农民的需求。通过线上线下相结合的模式，帮助用户及时获取最新的农业科技信息、及时应对农业相关问题，增强用户在生产过程中的决策能力，确保农业生产的现代化和可持续发展。

（3）技术趋势

大数据技术在农业中能够实现对农业生产过程中的各类数据进行系统化的采集、深度分析和高效应用。这种技术使得"舜耕科技一键帮"服务平台能够提供精准的农业生产建议，以支持农民在种植和养殖过程中作出科学的决策。

在此基础上，移动互联网技术进一步拓展了"舜耕科技一键帮"服务平台的应用场景和服务能力。移动互联网技术使得平台能够提供随时随地的服务和支持，用户可以通过智能手机或其他移动设备实时访问平台，这种即时性和便利性大大提升了农民对平台服务的依赖程度，使得农业管理更加灵活和高效。

（4）用户需求

生产者作为"舜耕科技一键帮"服务平台的主要用户群体，在生产管理过程中有着实际的需求，用户需求流如图 1.2 所示。为了满足这些需求，平台提供实用的技术指导、技术学习和其他相关服务，以有效支持农民在生产过程中的各种活动。平台应根据生产者的实际需求，设计和开发一系列便捷易用的功能和服务，确保能够帮助用户提高生产效率和收入水平。具体而言，平台应包括：在线技术咨询，提供实时农业生产技术问题咨询服务，使农民能够随时获得专业的建议和解决方案；农业生产管理知识指导，平台提供系统化的农业生产管理知识，包括种植技术、养殖管理、资源优化等方面的专业知识，通过定期更新的教程、视频讲座和实用指南，帮助农民了解和掌握最新的农业生产技术和管理方法，提升他们的生产技能和管理水平。"舜耕科技一键帮"服务平台通过提供全面、专业的服务和支持，能够切实帮助农民提升农技水平和生产效率，推动农业生产的现代化和可持续发展。

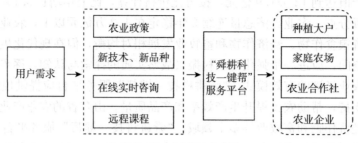

图 1.2　用户需求流

1.5　小结

本章综述了"舜耕科技一键帮"服务平台的建设背景、建设目标、建设任务和建设依据，系统地介绍了平台的整体框架和实施策略。首先，明确了平台在推动农业现代化中的重要作用；其次，阐述了平台为农业从业者提供高效便捷服务的目标；再次，分解了各功能模块的具体建设任务；最后，结合国家政策和山东省的实际情况，分析了平台建设的科学性和必要性。

第二章
平台总体设计

2.1 农业服务平台现状

农业服务平台的建设是为了满足农业现代化发展的需求，提高农民生产效率和收入水平。然而，现有的农业服务平台在技术和服务方面仍存在许多挑战和不足。本节将从现状分析、存在问题和需求分析 3 个方面对农业服务平台的现状需求进行详细探讨。

2.1.1 现状分析

目前，国内外的农业服务平台在推动农业现代化方面发挥了重要作用，市场上存在多种类型的农业服务平台，包括政府主导的公益性平台、企业开发的商业性平台以及科研机构和高校参与的技术性平台。

(1) 平台种类多样

农业服务平台提供的服务涵盖了农业生产、管理、销售等多个环节。现有的平台技术广泛应用了大数据、物联网、人工智能、区块链等先进技术，提升了农业生产管理的智能化水平。

(2) 服务内容多样

农业服务平台提供了丰富多样的服务内容，包括天气预报、市场行情、种植指导、病虫害防治、农资采购等，能够满足农民在生产过程中的多种需求。

(3) 用户参与度高

随着信息化水平的提高和互联网的普及，越来越多的农民开始使用农业服务平台获取信息和技术指导。平台的用户数量不断增加，用户黏性和参与度也逐步提升。

2.1.2 存在问题

虽然现有的农业服务平台取得了不少的成就，但是仍然存在一些问题，需要进一步改进。

(1) 用户体验不佳

部分平台的界面设计不够友好，功能操作复杂，用户体验差，导致农民在使用过程中遇到困难，影响了平台的使用效果。

(2) 专家资源不足

平台上的专家资源有限，无法满足大量农民的咨询需求，特别是在高峰期，专家难以及时响应农民的问题。

2.1.3 需求分析

针对现有平台存在的问题，分析农业服务平台在建设过程中需要满足的需求，以便更好地服务农民和农业从业者。

(1) 用户体验优化需求

现有平台在界面设计和功能操作方面往往存在复杂性和不友好性，导致农民在使用过程中遇到困难。为此，需要优化平台的界面设计和简化功能操作，直观、简洁的界面设计能够让农民方便快捷地获取所需信息和服务，减少学习和操作的难度。

(2) 专家资源扩充需求

现有平台上的专家资源有限，难以满足农民在生产过程中对技术咨询和指导的需求。为此，通过与科研机构、高校和农业企业的合作，引入更多的农业专家，建立丰富多样的专家库，涵盖种植、养殖、病虫害防治等各个领域。此外，平台可以利用现代信息技术，提供在线提问、平台留言等多种咨询方式，提高服务的灵活性和便捷性。

2.2 平台设计原则

在建设"舜耕科技一键帮"服务平台时，需要遵循如图 2.1 所示的原则，以确保平台的功能完善、易用、安全，并能真正为农民和农业从业者提供有效的服务。

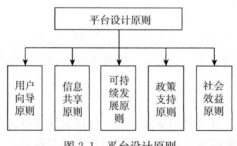

图 2.1 平台设计原则

(1) 用户向导原则

平台设计与功能开发应以用户需求为核心，确保平台易用、实用。在"舜耕科技一键帮"服务平台的建设过程中，平台的设计决策和功能开发充分考虑最终用户的需求和使用体验。因此，平台应通过广泛的需求调研，收集用户反馈，深入了解农民和农业从业者在生产、管理和市场销售等各个环节中的实际需求和困难。

需求调研是用户导向原则的基础。通过与农民、农业合作社、农业专家和农资供应商等利益相关方进行深入访谈和调查，平台建设团队可以收集到具体的用户需求和意见。这些信息将为平台功能的优先级设定和具体设计提供重要依据。

用户体验设计是用户导向原则的重要组成部分。平台的用户界面应简洁明了、操作便捷，最大限度地降低用户的学习成本和使用难度。通过人性化的界面设计和直观的操作流程，平台可以确保用户在使用过程中获得良好的体验，提升用户满意度和黏性。

功能实用性是衡量平台成功与否的重要标准。所有开发的功能模块都应围绕用户的实际需求展开，确保每一个功能都能够解决用户的具体问题或满足他们的实际需求。聚焦于能够真正提升农业生产效率、降低生产成本、增加收益的实用功能。

持续改进是用户导向原则的延伸。平台上线后，用户需求和市场环境可能会不断变化，平台建设团队保持与用户的持续沟通，定期收集和分析用户反馈，及时进行功能优化和迭代更新。通过不断改进和完善，平台能够持续满足用户需求，保持竞争力和生命力。

(2) 信息共享原则

在建设"舜耕科技一键帮"服务平台时，遵循信息共享原则，以构建信息共享平台、促进农业信息的流通和利用为核心理念。信息共享原则是"舜耕科技一键帮"服务平台建设的重要支柱之一，其核心在于通过构建一个高效的信息共享平台，促进农业信息的流通和充分利用，从而提升农业生产和管理的科学化、智能化水平。

信息发布和交流是信息共享平台的基本功能。平台及时发布相关农业领域技术资讯、农业生产经验等信息，确保农民和农业从业者能够了解到农业相关领域的资讯和经验。同时，平台设置农业技术服务专家平台，允许用户一键寻找专家进行咨询，促进用户之间的交流和学习。

资源共享和优化配置是信息共享原则的重要目标。通过平台的资源共享功能，用户可以在线查询农业资料，了解农作物种植生产管理过程中的技术经验及最新的科技成果，帮助用户及时了解相关信息，提高生产效率和经济效益。

合作伙伴关系的建立和维护是信息共享平台可持续发展的重要保障。平台与科研机构、农业企业、政府部门等各类合作伙伴建立紧密的合作关系，共同推动信息共享和农业服务的发展。通过资源整合和优势互补，平台可以为用户提供更加多样化和高质量的服务，增强平台的市场竞争力和用户黏性。

(3) 可持续发展原则

在建设"舜耕科技一键帮"服务平台时，遵循可持续发展原则，以平台的可持续发展、实现长期效益为核心理念。可持续发展原则在"舜耕科技一键帮"服务平台的建设中起着至关重要的作用，确保平台不仅在短期内能够高效运作，更能在长期内持续发挥作用，带来多重效益。

生态友好和绿色发展是可持续发展原则的核心要求。"舜耕科技一键帮"服务平台应推广绿色农业技术和可持续生产模式，帮助农民减少化肥、农药等化学投入品的使用，降低农业面源污染，保护土壤和水资源。同时，通过平台可推广有机农业、循环农业等生态友好型生产方式，推动农业的绿色转型和可持续发展。

环境保护和资源节约是平台建设的长远目标。"舜耕科技一键帮"服务平台应通过信息化手段提高农业生产的精细化管理水平，减少资源浪费和环境污染。平台可以推广精准农业技术，通过大数据分析和智能化管理，推广精准施肥、精准灌溉、精准用药的农业科学生产理念，降低农业生产对环境的负面影响。同时，平台应提倡资源循环利用和可再生资源的使用，推动农业资源的可持续利用。

社会责任和助力乡村振兴是平台建设的社会使命。"舜耕科技一键帮"服务平台应积极承担社会责任，助力乡村振兴战略的实施。平台应关注用户，提供针对性的技术支持，帮助用户提高农业生产能力和农村生活水平。同时，平台应通过信息传播的方式，提升农民的科技素养和市场意识，促进农村劳动力素质提升和就业创业。

(4) 政策支持原则

在建设"舜耕科技一键帮"服务平台时，遵循政策支持原则，以积极响应国家政策、确保平台建设符合国家战略和地方发展规划为核心理念。政策支持原则是"舜耕科技一键帮"服务平台建设的关键导向，其核心在于平台建设必须紧密契合国家和地方的农业发展战略及政策导向，确保平台的各项功能和服务能够最大限度地发挥政策效应、促进农业发展。

响应国家战略是政策支持原则的首要任务。"舜耕科技一键帮"服务平台应深入理解和贯彻落实国家农业和农村发展战略，如《乡村振兴战略规划（2018—2022）》《数字乡村发展战略纲要》《"十四五"推进农业农村现代化规划》等。平台建设要围绕这些战略目标，提供有力的技术支持和信息服务，助力国家实现农业现代化、农民增收和乡村振兴。

符合地方发展规划是政策支持原则的重要内容。"舜耕科技一键帮"服务平台应根据山东省政府的农业发展规划和政策要求，因地制宜地设计和开发平台功能。重点关注当地的主要农作物、特色农业和优势产业，提供针对性的技术支持、市场信息和生产管理服务，促进地方农业产业结构优化和升级。

政策支持原则要求"舜耕科技一键帮"服务平台在建设过程中，始终以国家和地方的农业发展政策为导向，确保平台功能和服务的设计与实施紧密契合政策要求。这不仅能够提高平台的公信力和影响力，还能最大限度地发挥政策效应，推动农业现代化和农村经济的可持续发展。

(5) 社会效益原则

在建设"舜耕科技一键帮"服务平台时，遵循社会效益原则，以提升农业生产水平、促进农村经济发展、实现社会效益最大化为核心理念。社会效益原则在"舜耕科技一键帮"服务平台的建设中起着重要的指导作用，其核心在于确保平台不仅能带来经济效益，还能在更广泛层面上实现社会效益最大化，推动农村社会的全面进步和可持续发展。

提升农业生产水平是社会效益原则的首要任务。"舜耕科技一键帮"服务平台应通过提供先进的技术支持、科学的生产管理工具，帮助农民提升农业生产的效率和质量。平台可以推广使用现代农业技术，如精准农业、智慧农业和有机农业，帮助农民优化生产过程，降低生产成本，提高作物产量和品质。

促进农业可持续发展和环境保护是社会效益原则的长远目标。平台应推广绿色生产技术和模式，帮助农民实现农业的可持续发展。平台可以推广有机农业、生态农业和循环农业，减少化学农药和化肥的使用，保护土壤和水资源；推广节水灌溉、节能设备和清洁能源，降低资源消耗和环境污染。通过这些努力，平台可以推动农业生产的绿色转型和可持续发展，为保护环境和实现生态平衡作出贡献。

推动农业科技创新和知识传播是社会效益原则的动力源泉。平台应通过科技创新和知识传播，提升农业生产的科技含量和创新能力；与科研机构和高校合作，推广先进的农业技术和管理经验；提供在线学习和咨询服务，帮助农民学习和掌握最新的农业科技和市场知识，提升生产和管理水平。通过这些举措，平台可以推动农业科技进步和知识传播，实现农业现代化和可持续发展。

社会效益原则要求"舜耕科技一键帮"服务平台在建设过程中，始终以提升农业生产水平、促进农村经济发展和改善农民生活为核心目标，通过信息化手段实现社会效益最大化。这不仅能够帮助农民和农业从业者提高生产效率和收入水平，还能推动农村社会的全面进步和可持续发展，为实现乡村振兴和农业现代化贡献力量。

2.3　平台功能设计

2.3.1　数据整合技术方案

通过整合不同来源的数据，形成统一的数据资源池，为平台的各项服务提供基础支持。

（1）数据清洗与预处理

数据整合流程如图 2.2 所示。从多个数据源（农业专家信息数据、专家回复数据、用户提问数据、农技资料数据）收集数据。多来源数据包含不一致、不完整或噪声数据，需要进行后续处理。接着，处理数据中的错误和不一致，如重复记录、缺失值或格式错误。通过标准化和校正数据，确保数据的一致性和准确性。对清洗后的数据进行进一步的预处理，包括数据归一化、特征工程和数据转换。数据归一化使数据值处于同一范围内，特征工程提取有用特征以便于分析和建模，数据转换是指将数据转换为适合存储和处理的格式。

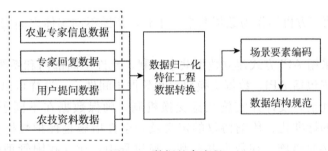

图 2.2　数据整合流程

（2）数据融合与存储

采用数据融合技术，将不同来源的数据进行整合，形成统一的视图，如图 2.3 所示。这包括将结构化数据与非结构化数据进行融合，提供更全面的数据分析基础。平台将融合后的数据存储在高效的数据库系统中。为了支持大规模数据的存储和快速访问，平台可以使用分布式数据库系统和大数据存储技术，这些技术确保了数据的高可用性和高性能。平台支持结构化数据（如关系型数据库中的表格数据）和非结构化数据（如文档、图像数据）的存储。采用合适的数据存储方案，以便于后续的数据检索和分析。

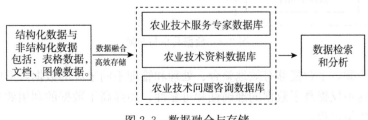

图 2.3　数据融合与存储

（3）数据共享与交换

数据共享与交换可以促进信息流动，优化决策过程，提高效率。常见的数据共享与交换方式如下。

API（应用程序接口）：通过 API，系统可以彼此访问和交换数据。这种方式通常使用标准化的格式（如 JSON 或 XML）进行数据传输，便于自动化和实时更新。

数据湖与数据仓库：数据湖聚合各种原始数据，允许多种工具和用户访问；而数据仓库则是结构化的数据存储，适用于分析和报告。

文件共享：使用共享文件夹、FTP 服务器或云存储服务（如 Google Drive、Dropbox 等）进行数据文件的存储和共享。

区块链技术：通过分布式账本技术实现的数据共享，增强了数据的透明性和安全性，适用于需要可信交易记录的场景。

开放数据平台：政府和组织发布开放数据集，供公众自由使用，促进透明度和创新。这类数据一般以标准格式发布，便于使用者获取。

合作伙伴网络：组织与其他企业或机构建立合作伙伴关系，通过协议或合同共享数据，实现互利共赢。

数据交换协议：确定双方在数据分享、使用和保护方面的规则，确保数据共享的合法性和合规性。

数据中介：第三方机构作为数据共享的中介，帮助不同实体之间安全、高效地交换数据。

本平台主要采用 API 方式建立数据共享机制，允许不同部门和系统之间共享数据。数据共享实现过程包括 API、数据交换协议和数据中间件等。这样可以提高数据的利用效率，减少数据冗余。设计并实施数据交换机制，确保数据在不同子系统间的流通。另外，数据格式的标准化、传输协议的定义及安全性措施是保护数据在交换过程中完整性和机密性的必要措施。在数据共享和交换过程中，建立权限管理机制，确保只有授权的用户和系统能够访问敏感数据。同时，采用数据加密和访问控制措施，保护数据的安全性（图 2.4）。

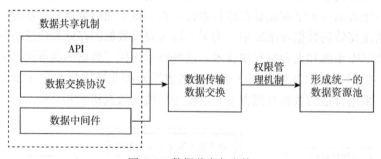

图 2.4　数据共享与交换

通过以上步骤，平台能够有效地整合、处理和管理不同来源的数据，形成一个统一的数据资源池。这不仅提高了数据的准确性和可靠性，还提高了数据的利用效率，支持平台的各项服务和决策过程。

2.3.2 数据资源管理技术方案

数据资源管理技术包括数据分类、组织、编码、存储、检索和维护等一系列技术，数据资源管理技术内容如图 2.5 所示。其核心目的是提升数据的可见性、优化存储和计算资源的使用、提供数据生命周期管理以及支持计算任务的优化。有效的数据资源管理能够提高服务平台的数据利用效率，支持科学决策，增强竞争力，同时降低系统平台运营风险和成本。

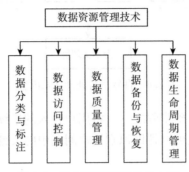

图 2.5 数据资源管理技术内容

（1）数据分类与标注

根据农业数据的特性，对数据进行分类和标注，建立完善的数据分类体系和元数据管理机制，提升数据的可管理性和可检索性。建立元数据管理体系，记录数据的背景信息和管理信息。元数据包括数据的定义、结构、关系、处理历史等，有助于理解数据的来源和用途，支持数据的共享和整合。

（2）数据访问控制

通过访问控制机制，确保数据的安全性和隐私性，防止未经授权的数据访问和数据泄露。可以采用身份认证、权限管理等技术手段，实现数据的分级保护。

（3）数据质量管理

建立数据质量管理体系，定期对数据进行质量评估和监控，确保数据的完整性、一致性和准确性。采用数据质量分析工具和方法，及时发现和解决数据质量问题。

（4）数据备份与恢复

建立完善的数据备份与恢复机制，确保在数据丢失或损坏时，能够迅速恢复数据，保障平台的连续运行。采用异地备份、云存储等技术手段，提高数据的安全性和可靠性。

（5）数据生命周期管理

管理数据从生成到最终删除的整个生命周期，包括数据的创建、存储、使用、共享和销毁。确保在每个阶段都遵循合规要求和最佳实践。

2.3.3 问答系统设计与技术基础

2.3.3.1 自然语言处理技术内容

自然语言处理技术内容涵盖了多个层面，如图 2.6 所示，包括分词、词性标注、句法分析、语义分析和上下文理解等。

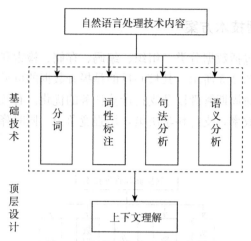

图 2.6 自然语言处理技术内容

分词是自然语言处理的基础步骤之一，将用户输入的连续文本划分为有意义的词汇单元。在农业服务平台中，分词可以帮助识别用户问题中的关键词，如"玉米"或"病害"，以便更准确地理解用户的需求。

词性标注是对分词后的词汇进行分类，标识其在句子中的语法角色，如名词、动词、形容词等。在农业问答系统中，词性标注帮助系统识别问题中的核心成分，如识别"施肥"为动词，帮助理解用户的具体操作请求。

句法分析是指解析句子结构，识别词汇之间的语法关系，如主语、谓语、宾语等。通过句法分析，系统可以更好地理解用户问题的整体结构，从而提供更准确的回答。例如，对于问题"如何防治小麦病虫害"，句法分析可以帮助系统识别"防治"为动作，与"小麦病虫害"相关联。

语义分析方面，自然语言处理需要理解语言中隐含的意义，包括同义词、反义词、上下文依赖等。这一阶段用到的方法包括句子嵌入和语义角色标注等。

上下文理解是自然语言处理的顶层设计。结合农业领域应用场景、历史信息和上下文，模型可以对用户的请求作出更为精准的反应。

2.3.3.2 自然语言处理技术路线

自然语言处理技术路线分为传统方法和现代方法两大类。传统方法以规则为基础，依赖于人类专家的知识，通过制定语言规则来实现文本的处理。但这类方法面对自然语言的复杂性往往显得力不从心。

随着机器学习和深度学习的发展，现代自然语言处理技术越发受到关注。在这一过程中，词嵌入（如 Word2Vec、GloVe）等技术使得文本表示变得更加生动，能够有效捕捉词与词之间的关系。而基于深度学习的模型，如循环神经网络（RNN）、长短期记忆网络（LSTM）和最近的变换器模型（Transformer），极大地提升了自然语言处理的性能。

自然语言处理技术路线如图 2.7 所示。在技术路线的实施上，自然语言处理遵循以下几个步骤：数据收集与预处理、模型选择与训练、模型评估与优化、模型部署与应用。通过这一系列流程，研究人员能够不断提升模型的准确性和鲁棒性，从而更好地满足实际应用需求。

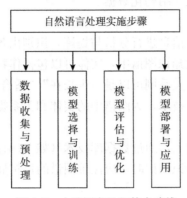

图 2.7 自然语言处理技术路线

2.3.3.3 农业知识图谱构建

随着信息技术在各个领域的飞速应用，构建农业领域知识图谱引起了越来越多的关注。知识图谱作为一种用于组织和表示知识的结构化形式，能够有效地整合和利用分散在各类数据源中的农业知识信息，促进农业智能化、数据化转型。农业知识图谱构建如图 2.8 所示。

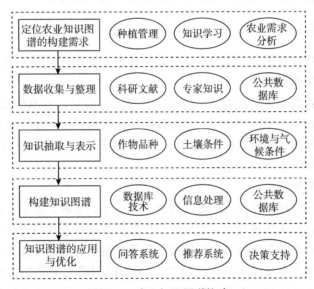

图 2.8 农业知识图谱构建

（1）定位农业知识图谱的构建需求

在这一阶段，应定义知识图谱的应用场景，如本平台的需求是种植管理、知识学习、农业需求分析等。通过明确实际需求，为后续数据收集和模型构建提供明确的方向。

（2）数据收集与整理

农业知识图谱的核心是数据，因此需要从多种来源获取相关的数据，包括科研文献、专家知识以及公共数据库等。在数据收集过程中，应确保数据的准确性和可靠性。此外，对于非结构化数据（如文本、图像和视频），需要通过自然语言处理（NLP）和图像识别等技术进行提取与整理，转化为结构化数据。

（3）知识抽取与表示

在数据整理完成后，需对信息进行分析与提炼，识别出各个实体及其属性，并建立实体之间的关系。例如，在农业知识图谱中，实体可以包括作物品种、土壤条件、环境与气候条件等，而这些实体之间的关系则可以是"生长在""适合于""受到影响"等。此外，可以借助本体论（Ontology）技术，为图谱中的实体和关系提供清晰的逻辑结构。

（4）构建知识图谱

在知识抽取与表示的基础上，通过数据库技术（如 Neo4j、GraphDB 等）将抽取出的信息进行存储和管理。构建知识图谱时，应注重图谱的可扩展性与可维护性，以适应不断变化的农业知识与数据。

（5）知识图谱的应用与优化

在完成知识图谱的构建后，需将其应用于实际场景中，如问答系统、推荐系统、决策支持等。同时，应通过用户反馈与数据更新，不断优化和扩展知识图谱的内容与结构。这不仅可以提高图谱的准确性和可靠性，还能有效提升用户的使用体验。

通过自然语言处理技术和农业知识图谱构建，平台能够更好地理解和处理用户的自然语言查询，同时系统化地组织和提供农业领域的知识。这不仅提升了信息检索的准确性，也增强了用户的查询体验，为用户提供了更加智能和实用的服务。

2.3.4 农业专家库

农业专家库的构建是平台为用户提供高质量技术支持和咨询服务的关键。

（1）专家信息采集与管理

系统包含山东省农业科学院近 700 位高层次专家的信息，专家信息包括姓名、职称、研究领域、联系方式等。平台建立了一个高效的信息管理系统，定期更新专家信息，确保数据的准确性和时效性。系统支持信息的增、删、改操作，并具备备份和数据恢复机制，以防数据丢失或损坏等不可控因素影响。

（2）专家分类与标签

根据专家的研究领域和专业方向进行分类，如小麦、玉米、水稻、花生、蔬菜、水果等。每个分类下包含相关领域专家，方便用户根据需求进行查找与咨询。对专家进行标签化管理，为每位专家添加多个标签，以便细化分类，包括特定的研究方向、技术专长、地区覆盖等。例如，某专家可以同时标记为"玉米种植专家""干旱地区专家"等。根据用户的查询和需求，不断优化分类和标签系统。例如，增加新的分类或标签，调整现有分类的细化程度，以提升用户查找专家的准确性和效率。

（3）专家咨询服务

建立在线专家咨询平台，用户通过平台直接向专家提问，平台支持文字、图片等咨询方式，以满足不同用户的需求。设计简便的咨询流程，用户可以通过平台提交问题，并选择希望咨询的专家或专家领域，系统会将问题分发给相关专家，专家则提供专业的解答。

（4）专家评价与反馈

建立专家咨询服务的评价系统，用户在获得专家服务后，可以对服务进行评分和评价。评价内容包括专家的响应速度、解答质量、专业性等。收集用户对专家服务的反馈，分析反馈数据，识别服务中的优点和不足。基于用户评价和反馈，定期对专家服务进行改进和优化。例如，优化专家推荐系统，提高专家的响应效率和服务质量，同时，对专家进行培训和评估，提升整体服务水平。

2.3.5 首页及新闻管理

首页及新闻管理主要包含山东省农业科学院介绍、运营团队情况以及山东省农业科学院近期重要新闻资讯。对应的首页及新闻后端管理方面，应包含文字编辑与修改、照片编辑与修改、显示按钮、排序设置、浏览情况、新闻创建信息等功能。

2.3.6 学农技系统

学农技系统设计涵盖多个重要部分，确保支撑农民及农业从业者的不同需求，满足农业科技知识传播和技术支持的有效性。以下是与学农技系统功能设计相关的主要内容。

2.3.6.1 平台功能模块

学农技系统平台应包括以下 3 个主要功能模块。

（1）农技知识模块

整合农业相关的科学知识和技术，包括分类整理的农业科技文献和在线学习材料，便于用户自主学习。

（2）市场信息模块

链接全国农产品市场价格信息，帮助农民及农业从业者了解市场动态，制定生产经营策略。

（3）通知通告模块

整理发布与农业相关的最新通知和公告，让用户及时获取重要农业政策、科技信息。

2.3.6.2 数据管理与用户支持

（1）用户认证与管理

平台应提供用户注册与认证功能，保障信息安全和用户隐私，同时便于根据用户背景和需求提供个性化服务。

（2）评论及反馈功能

用户可以对平台的内容和功能提出反馈，平台利用这些反馈信息进行迭代改进，提高用户满意度。

2.3.6.3 在线学习与培训

课程设计：利用视频课程、专家在线讲座等多种形式，提供覆盖农业种植、畜禽养殖、病虫害防治等各类主题的学习内容。目前，平台已计划与多名农业专家合作开发农业科技服务课程。

综上所述，设计一个高效的农技知识学习平台，需要综合考虑多种功能模块的集成、用户支持、课程设计及内容更新等多个方面，以满足农民和农业从业者的多样化需求，实现农业科技知识普及与应用，促进乡村振兴和农民素质的提升。

2.3.7 数据统计系统

数据统计系统需要结合地理信息技术、山东省地理行政图，参考本服务平台农业领域设计、互动类型进行展示功能设计。专家可以通过统计数据，直观地获取各个农业领域类型的热点互动情况，为下一步农情监测等工作提供数据支撑。该部分设计宜采用数据表格、直方图等方式进行展示，根据页面展示效果确定可视化展示方案。

2.3.8 农业领域管理系统

农业领域管理系统主要是指服务平台前端系统中专家介绍、专家数据库、提问系统、问答系统、数据统计系统以及学农技系统等模块设计过程用到的领域标签管理功能，需要保证各个模块在编辑、删除、新增、排序等方面保持逻辑一致性。例如，用户给玉米领域专家留言时，能保证玉米领域专家库的专家均能收到用户留言，且在问答和提问系统中，能正确显示该用户的留言内容（包含玉米领域标签），同时数据统计系统中玉米领域对应的留言量增加 1 条、总留言量增加 1 条。

2.3.9 短信系统

短信系统主要是针对用户给专家发送留言和提问时，系统通过短信接口，将用户信息发送到专家预留的手机号上，达到提醒专家登录平台进行消息回复的目的。考虑到交互有一对一（用户给特定一个专家提问或留言）和一对多（用户给特定领域专家提问或留言）的情况，为了避免短信资源浪费，针对一对多的场景，采用随机选取固定数量专家发送短信的方式，并且后端管理平台可以自定义该数值。

2.3.10 通话功能

通话系统的设计要考虑两种类型的通话方式，分别是座机和手机通信。在实际应用场景中，考虑到专家信息的隐私，需要对专家手机号码、座机号码进行脱敏处理（采用后台设置开关可隐藏中间部分数字的方式），座机号码或手机号码设置为可点击交互模式。用户在手机屏幕上点击号码后，跳转到拨号界面，用户点击后，直接拨打给相应专家。另外，针对用户拨打电话情况，后端管理系统记录用户联系的专家信息（姓名、专家领域、拨打时间等）。

2.4 小结

本章主要讨论了"舜耕科技一键帮"服务平台的总体设计。首先，对国内相关平台进行了现状分析，总结当前相似平台存在的问题及用户需求。基于分析结果，进行了详细的需求分析，明确了平台需解决的关键问题和用户的核心需求。随后，介绍了平台的技术构成，包括数据整合技术用于统一处理不同来源的数据，数据资源管理技术以确保数据的质量和安全，面向农业领域的信息问答技术以提升用户互动体验，以及农业专家库的构建以提供专业的技术支持和咨询服务。除上述内容外，还对服务平台其他主要分系统模块进行设计规划，如首页及新闻管理、学农技系统、数据统计系统、农业领域管理系统、短信系统、通话功能等，为后续服务平台的详细设计与实现提供了技术支撑和开发依据。

第三章

服务平台详细设计与实现

3.1 标准规范编制

在设计和实现"舜耕科技一键帮"服务平台时，首先需要制定一系列标准规范，以确保系统的高效性、可靠性和可维护性。标准规范编制主要包括以下几个方面。

（1）数据标准

定义数据格式、数据存储方式和数据交换协议。数据标准应涵盖农业领域的各种信息，如作物类型、病虫害信息等，并确保与现有的农业信息系统兼容。

（2）接口规范

制定 API 接口标准，确保不同系统和模块之间的数据交换顺畅。接口规范应包括请求和响应格式、接口安全机制以及异常处理机制。

（3）用户界面标准

设计用户界面的规范，包括界面布局、色彩搭配、交互设计等，以提高用户体验。界面标准应考虑到农业从业者的实际需求和操作习惯。

（4）安全标准

建立系统安全标准，包括数据加密、用户身份验证、权限管理等，确保平台的安全性和用户信息的隐私保护。

（5）性能标准

定义系统的性能指标，如响应时间、并发处理能力等，确保平台在高负载下的稳定性和高效性。

3.2 服务平台数据建设

数据加工与组织是平台实施的核心环节，包括数据采集、处理和管理。主要步骤如下。

（1）数据采集

收集不同来源的数据，包括农业专家知识库等。数据采集方式可以是人工录入或者从第三方数据源获取。

（2）数据清洗

对采集到的数据进行预处理，去除重复、错误或不完整的数据。数据清洗还包括格式转换和标准化，以确保数据的一致性和准确性。

（3）数据存储

选择合适的数据库用于存储加工后的数据。数据存储方案应考虑数据的规模、查询效率和扩展性。根据服务平台使用场景，选择关系型数据库和非关系型数据库混合存储方式，以满足不同类型数据的需求。

（4）数据组织

建立数据分类和索引机制，使数据能够快速检索和访问。数据组织应包括数据模型设计、数据分层管理和索引优化等。

（5）数据分析

利用数据挖掘和分析技术，从处理后的数据中提取有价值的信息和知识。这可以帮助平台提供更加精准的建议和预测服务。

3.3　服务平台前后端功能开发

3.3.1　整体架构设计

"舜耕科技一键帮"服务平台的系统架构设计要确保平台高效运行、满足用户需求。该架构主要分为 5 个层次：用户接口层、服务层、数据层、技术层和外部应用层。以下是每一层的详细设计说明。

3.3.1.1　用户接口层

用户接口层是"舜耕科技一键帮"服务平台与用户互动的主要界面。用户接口层的设计旨在提供直观、易用的友好界面，确保用户能够轻松、高效地利用平台的各种功能和服务。使用图标、色彩和布局等设计元素，提高界面的可读性和易用性。另外，通过合理的布局和清晰的视觉层次，用户能够快速找到所需功能和信息。

为了满足用户在不同场景下的使用需求，平台采用了移动端设计，通过微信小程序这一便捷、高效的方式实现。通过微信小程序，用户无需下载和安装独立的应用程序，只需用微信扫描二维码或搜索关键字即可使用，降低了使用门槛，而且优化了交互流程，简化了操作步骤，可以实现一键进入服务平台。

用户接口层支持平台多种功能和服务，满足用户在农业生产管理中的各种需求：可以通过微信小程序直接向农业专家咨询问题，获取实时的技术支持和指导；也可以方便地访问平台上的农业知识库，查阅各种生产管理技术、病虫害防治方法等信息；实现一键寻找各领域专家、一键了解专家情况、一键直连专家手机、一键拍照上传图片、一键开启农业问题留言等目标。

用户接口层是"舜耕科技一键帮"服务平台与用户互动的关键部分，通过移动端微信小程序提供直观、易用的用户体验，使农民和农业从业者能够方便地访问和利用平台的各种功能和服务，从而实现随时随地的农业生产技术和管理知识支持。

3.3.1.2　服务层

服务层是"舜耕科技一键帮"服务平台功能的核心，承载着多个关键服务模块，旨在全面满足用户在农业生产、管理和咨询方面的多样化需求。服务层的设计和实现为用户提供了高效、便捷、专业的服务支持，确保平台的功能能够切实助力农业生产和管理。基于大数据分析和专家知识库，向用户提供个性化的生产建议，帮助用户提高生产效率和产品质量。

通过实时连接农业专家和用户，平台提供专业的在线技术咨询和问题解决服务。用户可以随时通过平台向农业专家咨询生产中的各种技术问题，专家提供即时的解答和指导，帮助用户解决实际生产难题。针对用户提出的问题，专家会结合实际情况，提供详细的解决方案和操作指导，确保问题得到及时有效的解决。平台构建了庞大的农业技术服务专家数据库，涵盖各个领域的农业专家，用户可以根据需要选择相关领域的专家进行咨询，确保咨询的专业性和针对性。这一系统化的在线咨询服务不仅提升了用户的生产管理水平，也促进了农业知识的广泛传播和应用。

3.3.1.3 数据层

数据层是农业服务平台的基础，负责对农业相关数据进行全面采集、存储、处理和分析，是服务平台运行和功能实现的核心部分，涉及数据存储、传输和管理等多个方面。数据层通过整合各类数据资源，为农业生产提供科学、精准的指导建议和决策支持。

本平台的数据存储方式有以下几种。

(1) 本地存储

小程序提供的本地存储功能适合存储少量的用户数据，如用户配置、登录状态等。使用 wx. setStorageSync 和 wx. getStorageSync 方法可以方便地进行数据的存取。

(2) 云存储

通过微信提供的云开发功能，开发者可以将数据存储在云端数据库中，这样不仅保证了数据的安全性和可靠性，还有助于多个用户之间的数据共享和管理。云数据库支持多种数据模型，包括文档型和实时更新的数据库。

数据在本平台中需要通过网络请求与后台服务进行交互。小程序使用 wx. request API 来发送网络请求，获取远程数据。例如，可以从服务器请求 JSON 格式的数据来动态更新界面内容，开发者可以通过这种方式与 RESTful API 进行交互，从而实现数据的动态展示与维护。

示例代码：

```
x. request({
    url:'https://api. example. com/data',
    method:'GET',
    success(res){
        this. setData({
            serverData:res. data
        });
    }
})
```

(3) 数据管理

为了有效管理数据，本平台前端结合后台的数据管理系统。后台服务可以使用 Web API 提供的接口进行数据的增删改查操作，如专家信息、用户数据等。每一次操作都可以通过 HTTP 请求发送到服务器进行处理，根据响应结果更新小程序中的显示内容。

（4）数据缓存

平台支持基于本地存储的缓存机制，以提高数据访问速度和用户体验。开发者通过 wx. setStorage 和 wx. getStorage 方法将数据存储在本地，并在需要时快速读取，避免每次都向服务器请求相同的数据。

3.3.1.4　技术层

本服务平台基于微信小程序技术进行建设，小程序是基于微信平台的一种轻量级应用程序，其技术层构成主要由视图层、逻辑层和接口层 3 个部分组成。这种架构设计可以提供快速、灵活的应用体验，同时确保用户数据安全。

微信小程序的视图层主要使用 WXML（微信标记语言）和 WXSS（微信样式表）。这两种语言分别对应于 XML 和 CSS，WXML 用于描述页面结构，WXSS 则用于样式设置。视图层功能是渲染用户界面，并呈现小程序的视觉效果。它利用 Web 标准技术，使得开发过程更加便捷。

逻辑层使用 JavaScript，负责处理应用的业务逻辑和数据请求。逻辑层运行在独立的线程中，利用 JSBridge 与视图层进行数据交换。这种架构设计用于处理各种用户交互，更新界面和管理数据流。

接口层提供多种 API，包括微信官方 API 和第三方 API，用于处理数据请求和外部服务交互。通过接口层可以实现与外部服务的交互，如网络请求、文件存储等功能。

3.3.1.5　外部应用层

外部应用层负责与外部资源对接，扩展平台的功能和服务范围。其主要包括以下几个方面。

（1）农业成果平台

引入最新的农业科技成果，不仅能够提升平台的技术水平，还能直接为农民和农业从业者提供先进的生产管理方法和技术指导。将最新的农业科技成果以文字、图片、视频等多种形式在平台上进行详细介绍，内容涵盖新型作物品种、先进栽培技术、病虫害防治新方法等。通过案例分析、现场视频等方式，展示科技成果在实际生产中的应用效果，帮助用户直观理解和掌握新技术。应确保平台上的科技信息及时更新，与最新的科研进展保持同步，为用户提供前沿的农业科技资讯。

（2）农业技术服务专家数据库

构建农业专家库是平台提供专业技术咨询服务的重要保障。农业专家库由各领域的权威专家组成，能够为用户提供全方位的技术支持和指导。通过整合山东省农业科学院的专家资源，形成覆盖广泛、专业性强的专家库，而用户可以通过平台直接向专家提问，专家在线提供技术咨询和问题解答，帮助用户解决生产中遇到的实际问题。上传专家讲座和培训视频，通过视频录播的形式，让用户学习最新的农业技术和管理经验，提升其科技素养和生产能力。

（3）农业政策数据库

平台建设过程中，积极对接各类农业政策发布渠道，了解和落实政府农业政策和发展规划。在平台农业专家库中加入政策宣传相关专家，及时发布和解读国家和地方政府的农业政策、扶持措施和相关法规，帮助用户了解和利用政策红利。

通过以上架构设计，农业成果平台、农业专家库以及农业政策资料库支持共同构成了本农业服务平台的坚实基础，为平台的建设和运行提供了强有力的支持，确保平台能够提供权威、全面的农业科技资讯，并服务于农业生产和管理，推动农业现代化的发展。

3.3.2　技术方案选型

在建设"舜耕科技一键帮"服务平台时，技术选型是一个至关重要的环节。合理的技术选型不仅能保证系统的稳定性和扩展性，还能有效提升平台的功能性和用户体验。以下是服务平台开发时技术选型方面的具体考虑。

(1) 前端技术

框架：使用专有的 WXML 和 WXSS 来构建用户界面，WXML 结构类似于 HTML，而 WXSS 则是对 CSS 的扩展，采用 JavaScript 用于处理应用逻辑、事件处理和数据绑定，开发者需要熟悉其基本用法和微信的 API 调用。

UI 库：在微信小程序的架构下，其提供了丰富的组件库，开发者可以直接调用这些组件来快速构建 UI，如表单、列表、导航等。例如，Ant Design、Element UI 等成熟的 UI 组件库，可以大大提升开发效率，确保界面的一致性和美观性。

响应式设计：通过 Bootstrap、Tailwind CSS 实现响应式设计，确保在各种设备（PC、平板、手机）上都有良好的用户体验。

开发者工具：本服务平台基于微信小程序技术开发，其提供的集成开发环境，可以进行代码编辑、调试、预览和发布操作。

(2) 后端技术

编程语言：选择 Java、Node.js、Python 等流行的编程语言，结合 Spring Boot 或 Django 等框架，适合处理高并发的请求，支持异步操作，能够快速搭建 API 接口，有利于构建高效稳定的后台服务。

微服务架构：采用微服务架构，使用 Spring Cloud 或 Docker 等技术，将不同功能模块解耦，提高系统的可维护性和扩展性。

API 设计：使用 RESTful API、GraphQL，提供灵活的数据接口，便于前后端的分离开发和系统集成。

(3) 数据库

关系型数据库：使用 MySQL、PostgreSQL 存储结构化数据，支持事务处理和复杂查询，保证数据的一致性和可靠性。

非关系型数据库：选用 MongoDB、Redis 存储非结构化数据和缓存数据，提高数据读取速度和系统性能。

(4) 大数据

大数据技术：使用 Hadoop 生态系统中的 HDFS、MapReduce、Hive 等组件，实现海量数据的存储和处理。

大数据处理：通过 Hadoop、Spark 处理大规模农业数据，提供强大的数据分析和处理能力。

(5) 云计算与容器化

云计算平台：利用阿里云、AWS 或 Azure 等云服务提供商的资源，构建弹性可扩展的基础设施，降低运维成本。

容器化技术：通过 Docker 和 Kubernetes 实现应用的容器化部署，提升系统的部署效率和可扩展性。

（6）安全与运维

安全技术：采用 HTTPS 协议、OAuth 2.0 认证、JWT 令牌机制等，保障数据传输的安全性和用户隐私。

运维工具：使用 Prometheus、Grafana 等监控工具，实时监控系统状态，保证平台的高可用性和稳定性。

通过合理的技术选型，农业服务平台能够有效提升系统的功能性和用户体验，确保平台的高效性、稳定性和安全性。

3.3.3 前端功能开发

第二章及第三章前述已经对"舜耕科技一键帮"服务平台的功能设计、整体方案、架构等内容进行了翔实说明。本部分内容是"舜耕科技一键帮"服务平台功能设计的实现过程。

3.3.3.1 服务平台前端接口

（1）服务平台前端接口信息汇总见表 3.1。

表 3.1 服务平台前端接口信息汇总

接口归属	序号	接口名称	接口 URL	请求方式	Content-Type	认证方式	接口状态
1. 获取系统配置	1	获取系统配置	common/webConfig	POST	form-data	继承父级	已完成
2. 微信登录	2	微信登录	wxLog/index	POST	form-data	继承父级	已完成
3. 获取用户信息	3	获取用户信息	user/getUserInfo	POST	form-data	继承父级	已完成
4. 设置用户信息	4	设置用户信息	user/setUserInfo	POST	form-data	继承父级	已完成
5. 获取全部分类	5	获取全部分类	common/getTypes	POST	form-data	继承父级	已完成
6. 选择地区	6	选择地区	common/area	POST	form-data	继承父级	已完成
7. 短信测试	7	短信测试	quizs/smsTest	POST	form-data	继承父级	已完成
8. 图片上传	8	图片上传	common/upload	POST	form-data	继承父级	已完成
9. 多图片上传	9	多图片上传	common/uploads	POST	form-data	继承父级	已完成
10. 首页	10	首页	home	POST	form-data	继承父级	已完成
11. 专家	11	专家分类	Expert/category	POST	form-data	继承父级	已完成
	12	专家查询	Expert/search_list	POST	json	继承父级	已完成
	13	专家详情	Expert/detail	POST	form-data	继承父级	已完成
	14	给专家点赞	Expert/addLike	POST	form-data	继承父级	已完成
12. 新闻	15	新闻中心	news/news_list	POST	form-data	继承父级	已完成
	16	新闻详情	news/detail	POST	form-data	继承父级	已完成
13. 问专家	17	问专家	Quizs/ask	POST	json	继承父级	已完成
	18	问答大厅	Quizs/question_list	POST	json	继承父级	已完成
	19	问答详情	Quizs/detail	POST	form-data	继承父级	已完成
	20	给问题点赞	Quizs/praise	POST	form-data	继承父级	已完成

（续）

接口归属	序号	接口名称	接口 URL	请求方式	Content-Type	认证方式	接口状态
14. 我的问答	21	我的问答	user/myQuestion	POST	form-data	继承父级	已完成
15. 学农技	22	资料详情	Mooc/detail	POST	form-data	继承父级	已完成
	23	资料列表	Mooc/index	POST	json	继承父级	已完成
	24	获取全部分类	mooc/category	POST	form-data	继承父级	已完成
	25	给课程评论	mooc/comment	POST	json	继承父级	已完成
	26	删除自己的评论	mooc/del _ comment	POST	json	继承父级	已完成
	27	评论列表	Mooc/comment _ list	POST	form-data	继承父级	已完成
	28	课程列表	study/index	POST	json	继承父级	已完成
	29	课程详情	study/detail	POST	form-data	继承父级	已完成
	30	获取全部分类	study/category	POST	form-data	继承父级	已完成
	31	给课程评论	study/comment	POST	json	继承父级	已完成
	32	删除自己的评论	study/del _ comment	POST	json	继承父级	已完成
	33	评论列表	study/comment _ list	POST	form-data	继承父级	已完成
16. 专家操作	34	专家重置密码	expert/forget _ pwd	POST	form-data	继承父级	已完成
	35	获取验证码	expert/code	POST	form-data	继承父级	已完成
	36	专家登录	expert/login	POST	form-data	继承父级	已完成
	37	专家问答列表	expert/quiz	POST	form-data	继承父级	已完成
	38	驳回问答	expert/reject	POST	form-data	继承父级	已完成
	39	回复问答	expert/answer	POST	json	继承父级	已完成

（2）接口示例

①获取系统配置。

响应示例：成功（200）；失败（404）。

接口代码：

```
{
    "status":200,
    "message":"操作成功",
    "data":{
        "logo1":"http://———/upload/images/20230110/8527fcf8d6bb736ae3439
6c15d232f28. png",
        "logo2":"http://———/upload/images/20230110/08feb913ee45a50612ae7
b407a5fb486. png"
```

```
    }
}
```

参数示例见表 3.2。

表 3.2　获取系统配置成功参数

参数名	示例值	参数类型	参数描述
status	200	Integer	—
message	操作成功	String	—
data	—	Object	—
data. logo1	http://————/upload/images/20230110/ 8527fcf8d6bb736ae34396c15d232f28. png	String	Logo1 登录页和专家登录页
data. logo2	http://————/upload/images/20230110/ 08feb913ee45a50612ae7b407a5fb486. png	String	logo2 新闻详情页

②微信登录。

请求 Body 参数名称：code；参数类型：String；是否必填：是；参数描述：无；示例值：033lAB000vW4dP1WhQ2009NfpF1lAB0z。

响应示例：

接口代码：成功（200）。

```
{
    "status":200,
    "message":"登录成功",
    "data":{
        "token":"3675513e81739b5fb9d52142f6a13c9c",
        "session_key":"7k4Fgl7k05uU41wL/qdpbA=="
    }
}
```

参数示例见表 3.3。

表 3.3　微信登录成功参数

参数名	示例值	参数类型	参数描述
status	200	Integer	—
message	登录成功	String	—
data	—	Object	—
data. token	3675513e81739b5fb9d52142f6a13c9c	String	—
data. session _ key	7k4Fgl7k05uU41wL/qdpbA==	String	—

接口代码：失败（201）。

```
{
    "status":201,
    "message":"invalid code,rid:63b7b909-409e579f-6cddd353",
```

```
    "data":[]
}
```

参数示例见表 3.4。

表 3.4　微信登录失败参数

参数名	示例值	参数类型	参数描述
status	201	Integer	—
message	invalid code，rid：63b7b909-409e579f-6cddd353	String	—
data	—	Array	—

③获取用户信息。

请求 Header 参数名称：token；参数类型：String；是否必填：是；参数描述：无；示例值：5628b1982857d56980a7dccc558fdeb5。

响应示例：

接口代码：成功（200）。

```
{
    "status":200,
    "message":"操作成功",
    "data":{
        "name":"微信用户",
        "avatar":null,
        "mobile":null,
        "gender":0
    }
}
```

参数示例见表 3.5。

表 3.5　获取用户信息成功参数

参数名	示例值	参数类型	参数描述
status	200	Integer	—
message	操作成功	String	—
data	—	Object	—
data. name	微信用户	String	昵称
data. avatar	null	Null	头像
data. mobile	null	Null	手机号
data. gender	0	Integer	性别

④设置用户信息。

请求 Header 参数名称：token；参数类型：String；是否必填：是；参数描述：无；示例值：d2cfd69d85fbfcde2b9f280231c7c95c。

参数示例见表 3.6。

表 3.6　设置用户信息请求 Body 参数

参数名	示例值	参数类型	是否必填	参数描述
name	M 萌面超人	String	是	昵称
avatar	http://———/upload/avatar/20230106/6922c0c88cc8751a7df8bb5d69cb36ca.jpg	String	是	头像

响应示例：

接口代码：成功（200）。

```
{
    "status":200,
    "message":"操作成功",
    "data":[]
}
```

参数示例见表 3.7。

表 3.7　设置用户信息成功参数

参数名	示例值	参数类型	参数描述
status	200	Integer	—
message	操作成功	String	—
data	—	Array	—

⑤获取全部分类。

响应示例：

接口代码：成功（200）。

```
{
    "status":200,
    "message":"上传成功",
    "data":[
        {
            "id":43,
            "name":"小麦",
            "image":"http://———/upload/images/20230107/acb5faf384f067cacc847cd0513a2f89.png"
        },
        {
            "id":44,
            "name":"玉米",
            "image":"http://———/upload/images/20230107/69c40e8dffc7b5db2ca711593d390488.png"
```

```
        },
    ......
        {
            "id":90,
            "name":"种质资源",
            "image":null
        }
    ]
}
```

参数示例见表 3.8。

表 3.8　获取全部分类成功参数

参数名	示例值	参数类型	参数描述
status	200	Integer	—
message	上传成功	String	—
data	—	Array	—
data. id	43	Integer	id
data. name	小麦	String	分类名
data. image	http://———/upload/images/20230107/acb5faf 384f067cacc847cd0513a2f89. png	String	图标类型

⑥选择地区。

请求 Body 参数名称：prev；参数类型：String；是否必填：是；参数描述：上级 1 为所在省份；示例值：1。

响应示例：

接口代码：成功（200）。

```
{
    "status":200,
    "message":"操作成功",
    "data":[
        {
            "val":2,
            "name":"北京市"
        },
        ......
        {
            "val":34,
            "name":"香港特别行政区"
        },
        {
```

```
        "val":35,
        "name":"澳门特别行政区"
      }
    ]
}
```

参数示例见表 3.9。

表 3.9　选择地区成功参数

参数名	示例值	参数类型	参数描述
status	200	Integer	—
message	操作成功	String	—
data	—	Array	—
data.val	2	Integer	地区 id
data.name	北京市	String	地区名

⑦短信测试。

请求 Header 参数名称：token；参数类型：String；是否必填：是；参数描述：无；示例值：d2cfd69d85fbfcde2b9f280231c7c95c。

⑧图片上传。

参数示例见表 3.10。

表 3.10　图片上传请求 Body 参数

参数名	示例值	参数类型	是否必填	参数描述
file	—	File	是	图片文件
things	avatar	String	是	事物 avatar、头像 images、默认

响应示例：

接口代码：成功（200）。

```
{
  "status":200,
  "message":"上传成功",
  "data":{
    "url":"http://————/upload/avatar/20230106/6922c0c88cc8751a7df8bb5d69cb36ca.jpg"
  }
}
```

参数示例见表 3.11。

表 3.11　图片上传成功参数

参数名	示例值	参数类型	参数描述
status	200	Integer	—

（续）

参数名	示例值	参数类型	参数描述
message	上传成功	String	—
data	—	Object	—
data.url	http://———/upload/avatar/20230106/6922c0c88cc8751a7df8bb5d69cb36ca.jpg	String	返回地址

⑨多图片上传。

参数示例见表 3.12。

表 3.12　多图片上传请求 Body 参数

参数名	示例值	参数类型	是否必填	参数描述
file［］	—	File	是	图片文件 1
file［］	—	File	是	图片文件 2
things	avatar	String	是	事物 avatar、头像 images、默认

响应示例：

接口代码：成功（200）。

```
{
    "status":200,
    "message":"上传成功",
    "data":{
        "url":[
            "https://———/upload/avatar/20230303/26c15d21df0fa592060ecf131ab640df.png",
            "https://———/upload/avatar/20230303/5d7ab448156cfce503ba4921a8b27273.png"
        ]
    }
}
```

参数示例见表 3.13。

表 3.13　多图片上传成功参数

参数名	示例值	参数类型	参数描述
status	200	Integer	—
message	上传成功	String	—
data	—	Object	—
data.url	https://———/upload/avatar/20230303/26c15d21df0fa592060ecf131ab640df.png	Array	返回地址

⑩首页。

响应示例：

接口代码：成功（200）

```
{
    "status":200,
    "message":"操作成功",
    "data":{
        "slide_list":[
            {
                "image":"http://————/upload/images/20230106/5af4d4c801e39f2f08
fba10c85aa9b4c.png",
                "href":"https://www.baidu.com/"
            },
            {
                "image":"http://————/upload/images/20230106/5b637f020fb777f64
76d92ca05c2510e.png",
                "href":"https://www.baidu.com/"
            }
        ],
        "news_switch":true,
        "hotNews":[
            {
                "id":1,
                "title":"测试测试",
                "create_time":"2023-01-06"
            }
        ],
        "unit_introduction":"<p style=\"text-indent:2em;\">山东省农业科学院是省
人民政府直属…服务平台。</p><p style=\"text-indent:2em;\">"舜耕科技一键帮"服
务平台是…特点。</p><p style=\"text-indent:2em;\">山东…服务电话…。</p><p>
<br></p>"
    }
}
```

参数示例见表 3.14。

表 3.14　首页参数

参数名	示例值	参数类型	参数描述
status	200	Integer	—
message	操作成功	String	—

（续）

参数名	示例值	参数类型	参数描述
data	—	Object	
data. slide _ list	—	Array	轮播列表
data. slide _ list. image	http：//————/upload/images/20230106/5af4d4c801e39f2f08fba10c85aa9b4c. png	String	图片
data. slide _ list. href	https：//www. baidu. com/	String	链接
data. news _ switch	true	Boolean	新闻推荐开关
data. hotNews	—	Array	新闻推荐
data. hotNews. id	1	Integer	—
data. hotNews. title	测试测试	String	标题
data. hotNews. create _ time	2023-01-06	String	日期
data. unit _ introduction	<p style＝" text-indent：2em；" > 山东省农业科学院是省人民政府直属…服务平台。</p><p style＝" text-indent：2em；" >"舜耕科技一键帮"服务平台是…特点。</p><p style＝" text-indent：2em；" >山东…服务电话…。</p><p> </p>	String	单位介绍

⑪专家-专家分类。

参数名称：token；参数类型：String；是否必填：是；参数描述：无；示例值：d2cfd69d85fbfcde2b9f280231c7c95c。

响应示例：

接口代码：成功（200）。

```
{
    "status":200,
    "message":"操作成功",
    "data":[
        {
            "id":43,
            "name":"小麦",
            "image":"http：//————/upload/images/20230107/acb5faf384f067cacc847c
d0513a2f89. png"
        },
        {
            "id":44,
            "name":"玉米",
            "image":"http：//————/upload/images/20230107/69c40e8dffc7b5db2ca711
593d390488. png"
        },
```

```
        {
            "id":45,
            "name":"杂粮",
            "image":"http://———/upload/images/20230107/5d14d05d96cf9ab0cbf9da
00e0ddbefe.png"
        },
        {
            "id":46,
            "name":"畜禽",
            "image":"http://———/upload/images/20230107/c30671774efe369112bafa
757cace0f9.png"
        },
        {
            "id":90,
            "name":"种质资源",
            "image":null
        }
    ]
}
```

参数示例见表3.15。

表 3.15 专家分类参数

参数名	示例值	参数类型	参数描述
status	200	Integer	—
message	操作成功	String	—
data	—	Array	—
data.id	43	Integer	id
data.name	小麦	String	分类名
data.image	http://———/upload/images/20230107/acb5faf384f067cacc847cd0513a2f89.png	String	分类图标

⑫专家查询。

请求 Header 参数名称：token；参数类型：String；是否必填：是；参数描述：无；示例值：d2cfd69d85fbfcde2b9f280231c7c95c。

请求 Body 参数接口代码：

```
{
    "keywords":"",
    "type":[
        52,51,53,55,54,56,57
    ],
```

```
    "page":"1"
}
```

参数示例见表 3.16。

表 3.16　专家查询参数

参数名	示例值	参数类型	是否必填	参数描述
keywords	国家	String	是	搜索内容
type	51	Array	是	点击分类
page	1	String	是	页码

响应示例：

接口代码：成功（200）。

```
{
    "status":200,
    "message":"操作成功",
    "data":{
        "total":62,
        "per_page":20,
        "current_page":1,
        "last_page":4,
        "data":[
            {
                "id":804,
                "name":"董**",
                "avatar":"images/c10e8fdd-4478-4d9a-99b3-26ee88f842b2. png",
                "title":"研究员",
                "mobile":"138****6573",
                "tel":"0531-66659****",
                "major":"擅长领域:棉花栽培与育种",
                "give":0,
                "likes":1,
                "types":[
                    "棉花"
                ],
                "isLike":true
            },
            {
                "id":986,
                "name":"王**",
                "avatar":"images/978ce78f-87b7-4b2e-b1fd-4cabc64f89db. png",
```

```
        "title":"研究员",
        "mobile":"139****9181",
        "tel":"0531-88631****",
        "major":"擅长领域:化学农药以及中间体的研发、生产工艺的优化,尤其
擅长微反应研究",
        "give":0,
        "likes":0,
        "types":[
            "农药"
        ],
        "isLike":false
    }
  ]
 }
}
```

参数示例见表 3.17。

表 3.17 专家查询成功参数

参数名	示例值	参数类型	参数描述
status	200	Integer	—
message	操作成功	String	—
data	—	Object	—
data. total	62	Integer	总共多少条
data. per _ page	20	Integer	每页多少条
data. current _ page	1	Integer	当前页数
data. last _ page	4	Integer	最后一页
data. data	—	Array	—
data. data. id	804	Integer	专家 id
data. data. name	董**	String	专家名字
data. data. avatar	images/c10e8fdd-4478-4d9a-99b3-26ee88f842b2. png	String	头像
data. data. title	研究员	String	职称
data. data. mobile	138****6573	String	手机号
data. data. tel	0531-66659****	String	座机
data. data. major	擅长领域:棉花栽培与育种	String	擅长领域
data. data. give	0	Integer	服务次数
data. data. likes	1	Integer	点赞数
data. data. types	棉花	Array	擅长领域分类
data. data. isLike	true	Boolean	是否关注这个专家

⑬专家详情。

请求 Header 参数名称：token；参数类型：String；是否必填：是；参数描述：无；示例值：d2cfd69d85fbfcde2b9f280231c7c95c。

请求 Body 参数名称：id；参数类型：String；是否必填：是；参数描述：专家 id；示例值：804。

响应示例：

接口代码：成功（200）。

{"status":200,"message":"操作成功","data":{"id":804,"name":"董**","types":[],"avatar":"images \/c10e8fdd-4478-4d9a-99b3-26ee88f842b2. png","title":"研究员","mobile":"138****6573","tel":"0531-66****55","major":"擅长领域：棉花栽培与育种","give":0,"likes":2,"isLike":true}}

参数示例见表 3.18。

表 3.18　专家详情参数

参数名	示例值	参数类型	参数描述
status	200	Integer	—
message	操作成功	String	—
data	—	Object	—
data. id	804	Integer	id
data. name	董**	String	专家名
data. types	—	Array	擅长分类
data. avatar	images/c10e8fdd-4478-4d9a-99b3-26ee88f842b2. png	String	头像
data. title	研究员	String	职称
data. mobile	138****6573	String	手机号
data. tel	0531-66****55	String	座机号
data. major	擅长领域：棉花栽培与育种	String	擅长领域
data. give	0	Integer	服务次数
data. likes	2	Integer	点赞次数
data. isLike	true	Boolean	自己是否已点赞

⑭给专家点赞。

请求 Header 参数名称：token；参数类型：String；是否必填：是；参数描述：无；示例值：d2cfd69d85fbfcde2b9f280231c7c95c。

请求 Body 参数名称：expert_id；参数类型：String；是否必填：是；参数描述：专家 id；示例值：804。

响应示例：

接口代码：成功（200）。

{

    "status":200,

```
    "message":"操作成功",
    "data":[]
}
```

参数示例见表3.19。

表3.19　专家点赞参数

参数名	示例值	参数类型	参数描述
status	200	Integer	—
message	操作成功	String	—
data	—	Array	—

⑮新闻-新闻中心。

请求 Header 参数名称：token；参数类型：String；是否必填：是；参数描述：无；示例值：d2cfd69d85fbfcde2b9f280231c7c95c。

响应示例：

接口代码：成功（200）。

```
{
    "status":200,
    "message":"操作成功",
    "data":{
        "total":1,
        "per_page":10,
        "current_page":1,
        "last_page":1,
        "data":[
            {
                "id":1,
                "title":"测试测试",
                "create_time":"2023-01-06"
            }
        ]
    }
}
```

参数示例见表3.20。

表3.20　新闻中心参数

参数名	示例值	参数类型	参数描述
status	200	Integer	—
message	操作成功	String	—
data	—	Object	—

（续）

参数名	示例值	参数类型	参数描述
data. total	1	Integer	总共多少条
data. per _ page	10	Integer	每页多少条
data. current _ page	1	Integer	当前页数
data. last _ page	1	Integer	最后一页
data. data	—	Array	—
data. data. id	1	Integer	新闻 id
data. data. title	测试测试	String	标题
data. data. create _ time	2023-01-06	String	日期

⑯新闻详情。

请求 Header 参数名称：token；参数类型：String；是否必填：是；参数描述：无；示例值：d2cfd69d85fbfcde2b9f280231c7c95c。

请求 Body 参数名称：id；参数类型：String；是否必填：是；参数描述：新闻 id；示例值：1。

响应示例：

接口代码：成功（200）。

```
{
    "status":200,
    "message":"操作成功",
    "data":{
        "title":"测试测试",
        "read":0,
        "content":"<p>测试测试</p>",
        "create_time":"2023-01-06 15:51",
        "admin_id":1,
        "admin":{
            "id":1,
            "username":"admin",
            "avatar":"http://———/upload/avatar/20230106/6922c0c88cc8751a7df8bb
5d69cb36ca.jpg"
        }
    }
}
```

参数示例见表 3.21。

表 3.21　新闻详情参数

参数名	示例值	参数类型	参数描述
status	200	Integer	—

（续）

参数名	示例值	参数类型	参数描述
message	操作成功	String	—
data	—	Object	—
data. title	测试测试	String	标题
data. read	0	Integer	阅读数
data. content	<p>测试测试</p>	String	内容
data. create _ time	2023-01-06 15:51	String	添加时间
data. admin _ id	1	Integer	
data. admin	—	Object	发布人
data. admin. id	1	Integer	
data. admin. username	admin	String	发布人用户名
data. admin. avatar	http://———/upload/avatar/20230106/6922c0c88cc8751a7df8bb5d69cb36ca. jpg	String	发布人头像

⑰问专家。

请求 Header 参数名称：token；参数类型：String；是否必填：是；参数描述：无；示例值：d2cfd69d85fbfcde2b9f280231c7c95c。

请求 Body 参数接口代码：

```
{
    "expert_id":0,
    "type_id":51,
    "content":"测试测试",
    "images":[
        "http://———/upload/avatar/20230107/f233a69acd77967980ca54797a0d569f.
png",
        "http://———/upload/avatar/20230107/f233a69acd77967980ca54797a0d569f.
png",
        "http://———/upload/avatar/20230107/f233a69acd77967980ca54797a0d569f.
png"
    ],
    "prev_quiz_id":null,
    "addr_code":"370403"
}
```

参数示例见表 3.22。

表 3.22　问专家参数

参数名	示例值	参数类型	是否必填	参数描述
expert _ id	0	Integer	否	专家 id：有专家 id 是留言；没有是提问

（续）

参数名	示例值	参数类型	是否必填	参数描述
type_id	51	Integer	是	领域 id
content	测试测试	String	是	内容
images	http://————/upload/avatar/20230107/ f233a69acd77967980ca54797a0d569f. png	Array	否	图片
prev_quiz_id	null	Null	否	上一个问题 id
addr_code	370403	String	是	行政区代码（区/县级）

响应示例：

接口代码：成功（200）。

```
{

    "status":200,

    "message":"操作成功",

    "data":[]

}
```

参数示例见表 3.23。

表 3.23　问专家成功参数

参数名	示例值	参数类型	参数描述
status	200	Integer	—
message	操作成功	String	—
data	—	Array	—

⑱问答大厅。

请求 Header 参数名称：token；参数类型：String；是否必填：是；参数描述：无；示例值：d2cfd69d85fbfcde2b9f280231c7c95c。

请求 Body 参数接口代码：

```
{

    "keywords":"",

    "type":[

        43

    ],

    "page":1

}
```

参数示例见表 3.24。

表 3.24　问答大厅参数

参数名	示例值	参数类型	是否必填	参数描述
keywords	—	String	是	关键词

（续）

参数名	示例值	参数类型	是否必填	参数描述
type	52	Array	是	专家领域
page	1	String	是	页码

响应示例：

接口代码：成功（200）。

```
{
    "status":200,
    "message":"操作成功",
    "data":{
        "total":25,
        "per_page":10,
        "current_page":1,
        "last_page":3,
        "data":[
            {
                "id":442,
                "question":"张教授您好!我准备在本月 20 日种植大豆,请您指教这个时间还行吗?",
                "avatar":"https://thirdwx.qlogo.cn/mmopen/vi_32/UCttcoeMe8Hyh8sFQMVDgXH9h7SMueygEZH4FVibW3RPMoSvGj27WSYJ0BDubBqaNuC2dibzbLD49kibaWiadTpicPQ/132",
                "nickname":"冠*****",
                "name":"张**",
                "created_at":"2022-07-09 21:03:09",
                "answer":"老师您好!您可以直接拨打张**老师电话:0531-66****85。感谢您使用平台,如有其他问题可以继续提问。",
                "expert_name":"大豆专家",
                "type":"大豆",
                "praise_num":0,
                "province":"",
                "city":"",
                "district":"",
                "isPraise":false
            },
            {
                "id":293,
                "question":"你好",
```

"avatar":"https://thirdwx.qlogo.cn/mmopen/vi_32/Q0j4TwGTfTJjrf
mK81kdtoC0gd7ZNibNicaria8eibN1vbD1SyGhXwuibicLtgkqSldB7dgwiaCu3YxVy7lMavy0
fsePg/132",

          "nickname":"蒋*****",

          "name":"蒋**",

          "created_at":"2022-03-04 16:42:21",

          "answer":"您好!请您详细描述下您的问题,如有其他需要,也可以继续
给相关专家提问,谢谢!",

          "expert_name":"农药专家",

          "type":"农药",

          "praise_num":0,

          "province":"",

          "city":"",

          "district":"",

          "isPraise":false

       }

     ]

   }

}

参数示例见表 3.25。

表 3.25 问答成功参数

参数名	示例值	参数类型	参数描述
status	200	Integer	—
message	操作成功	String	—
data	—	Object	
data. total	25	Integer	
data. per _ page	10	Integer	
data. current _ page	1	Integer	
data. last _ page	3	Integer	
data. data	—	Array	
data. data. id	442	Integer	问题 id
data. data. question	张教授您好! 我准备在本月 20 日种植大豆,请您指教这个时间还行吗?	String	用户问题
data. data. avatar	https://thirdwx.qlogo.cn/mmopen/vi _ 32/UCttcoeMe8Hyh8sFQMVDgXH9h7SMueygEZH4FVibW3RPMoSvGj27WSYJ0BDubBqaNuC2dibzbLD49kibaWiadTpicPQ/132	String	用户头像
data. data. nickname	冠*****	String	用户昵称

（续）

参数名	示例值	参数类型	参数描述
data. data. name	张**	String	专家名字（留言时显示）
data. data. created _ at	2022-07-09 21：03：09	String	问题创建时间
data. data. answer	老师您好！您可以直接拨打张**老师电话：0531-66****85。感谢您使用平台，如有其他问题可以继续提问。	String	专家回答
data. data. expert _ name	大豆专家	String	专家名称（提问时显示）
data. data. type	大豆	String	问题领域
data. data. praise _ num	0	Integer	问题点赞数
data. data. province	—	String	省
data. data. city	—	String	市
data. data. district	—	String	县
data. data. isPraise	false	Boolean	是否点赞

⑲问答详情。

请求 Header 参数名称：token；参数类型：String；是否必填：是；参数描述：无；示例值：d2cfd69d85fbfcde2b9f280231c7c95c。

请求 Body 参数名称：id；参数类型：String；是否必填：是；参数描述：问题 id；示例值：442。

响应示例：

接口代码：成功（200）。

{"status":200,"message":"操作成功","data":{"id":442,"question":"张教授您好！我准备在本月 20 日种植大豆,请您指教这个时间还行吗?"," avatar":" https: \/\/ thirdwx. qlogo. cn \/mmopen \/vi _ 32 \/UCttcoeMe8Hyh8sFQMVDgXH9h7SMueyg EZH4FVibW3RPMoSvGj27WSYJ0BDubBqaNuC2dibzbLD49kibaWiadTpicPQ \/132 "," nickname":"冠县****家庭农场","expert_id":859,"created_at":"2022-07-09 21:03:09"," answer":"老师您好！您可以直接拨打张**老师电话:0531-66****85。感谢您使用平台,如有其他问题可以继续提问。","expert_name":"大豆专家","images":[],"images1":[]," type":"大豆","praise_num":0,"types":"56","status":10,"statusName":"已处理","is-Praise":false}}

参数示例见表 3.26。

表 3.26 问答详情参数

参数名	示例值	参数类型	参数描述
status	200	Integer	—
message	操作成功	String	—
data	—	Object	—
data. id	442	Integer	—

（续）

参数名	示例值	参数类型	参数描述
data. question	张教授您好！我准备在本月 20 日种植大豆，请您指教这个时间还行吗？	String	问题
data. avatar	https：//——/mmopen/vi _ 32/UCttcoeMe8Hyh 8sFQMVDgXH9h7SMueygEZH4FVibW3RPMoSvG j27WSYJ0BDubBqaNuC2dibzbLD49kibaWiadTpicPQ /132	String	用户头像
data. nickname	冠县****家庭农场	String	用户昵称
data. expert _ id	859	Integer	专家 id
data. created _ at	2022-07-09 21：03：09	String	提问时间
data. answer	老师您好！您可以直接拨打张**老师电话：0531- 66****85。感谢您使用平台，如有其他问题可以继续提问。	String	回答问题
data. expert _ name	大豆专家	String	专家名称
data. images	—	Array	提问图片
data. images1	—	Array	回答图片
data. type	大豆	String	专家领域
data. praise _ num	0	Integer	点赞数
data. types	56	String	问题领域
data. status	10	Integer	状态值
data. statusName	已处理	String	状态名
data. isPraise	false	Boolean	自己是否点赞

⑳给问题点赞。

请求 Header 参数名称：token；参数类型：String；是否必填：是；参数描述：无；示例值：d2cfd69d85fbfcde2b9f280231c7c95c。

请求 Body 参数名称：quiz-id；参数类型：String；是否必填：是；参数描述：问答 id；示例值：587。

响应示例：

接口代码：成功（200）。

{"status":200,"message":"操作成功","data":[]}

参数示例见表 3.27。

表 3.27　给问题点赞参数

参数名	示例值	参数类型	参数描述
status	200	Integer	—
message	操作成功	String	—
data	—	Array	—

㉑我的问答。

请求 Header 参数名称：token；参数类型：String；是否必填：是；参数描述：无；示例值：5628b1982857d56980a7dccc558fdeb5。

参数示例见表 3.28。

表 3.28 请求 Body 参数接口代码

参数名	示例值	参数类型	是否必填	参数描述
type	1	Number	是	我的问答类型：1 提问（后台回复）；2 留言（专家）
page	1	Number	是	页码

响应示例：

接口代码：成功（200）。

{"status":200,"message":"操作成功","data":{"total":11,"per_page":10,"current_page":1,"last_page":2,"data":[{"status":0,"created_at":"2023-02-02 09:23:05","question":"测试测试","answer":null,"images":["http:\/\/————\/upload\/avatar\/20230107\/f233a69acd77967980ca54797a0d569f.png","http:\/\/————\/upload\/avatar\/20230107\/f233a69acd77967980ca54797a0d569f.png","http:\/\/————\/upload\/avatar\/20230107\/f233a69acd77967980ca54797a0d569f.png"],"images1":[],"expert_name":null,"type":"棉花","name":null,"avatar":null,"ans_time":null,"statusName":"未处理"},{…}]}}

参数示例见表 3.29。

表 3.29 我的问答参数

参数名	示例值	参数类型	参数描述
status	200	Integer	—
message	操作成功	String	—
data	—	Object	—
data. total	11	Integer	—
data. per_page	10	Integer	—
data. current_page	1	Integer	—
data. last_page	2	Integer	—
data. data	—	Array	—
data. data. status	0	Integer	问答状态值
data. data. created_at	2023-02-02 09:23:05	String	问题创建时间
data. data. question	测试测试	String	用户问题
data. data. answer	null	Null	专家回答
data. data. images	http://————/upload/avatar/20230107/f233a69acd77967980ca54797a0d569f.png	Array	提问图片
data. data. images1	—	Array	回答图片
data. data. expert_name	null	Null	专家名称

（续）

参数名	示例值	参数类型	参数描述
data. data. type	棉花	String	问题领域
data. data. name	null	Null	专家名字
data. data. avatar	null	Null	专家头像
data. data. ans _ time	null	Null	回答时间
data. data. statusName	未处理	String	问答状态

㉒学农技-农技资料-资料详情。

请求 Header 参数名称：token；参数类型：String；是否必填：是；参数描述：无；示例值：d2cfd69d85fbfcde2b9f280231c7c95c。

请求 Body 参数名称：id；参数类型：String；是否必填：是；参数描述：课程 id；示例值：1。

响应示例：

接口代码：成功（200）。

```
{
    "status":200,
    "message":"操作成功",
    "data":{
        "id":1,
        "mooc_type_id":58,
        "title":"冬暖式大棚黄瓜栽种技术",
        "type":1,
        "cover":"images/微信图片_***220.jpg",
        "video":"files/8f4cdaf5fe07733e14b4d47582265dd2.mp4",
        "synopsis":"冬暖式大棚黄瓜栽种技术",
        "is_open_comment":0,
        "content":null,
        "created_at":"2021-07-07",
        "comment_count":1,
        "comments":[
            {
                "id":1,
                "content":"老师讲得真好,特别实用",
                "name":"齐**",
                "created_at":"2022-09-29 15:22:50",
                "avatar":"images/0a02886f-5625-4e66-bde2-61f07f71628f.png",
                "user_id":850,
                "iSelf":false
```

```
            }
          ]
        }
      }
```

参数示例见表 3.30。

表 3.30 学农技-农技资料-资料详情参数

参数名	示例值	参数类型	参数描述
status	200	Integer	—
message	操作成功	String	—
data	—	Object	—
data. id	1	Integer	问题 id
data. mooc _ type _ id	58	Integer	课程分类
data. title	冬暖式大棚黄瓜栽种技术	String	标题
data. type	1	Integer	专家领域
data. cover	images/微信图片 _ ***220. jpg	String	课程封面
data. video	files/8f4cdaf5fe07733e14b4d47582265dd2. mp4	String	课程视频
data. synopsis	冬暖式大棚黄瓜栽种技术	String	课程简要
data. is _ open _ comment	0	Integer	是否打开评论区
data. content	null	Null	图文内容
data. created _ at	2021-07-07	String	发布日期
data. comment _ count	1	Integer	评论数
data. comments	—	Array	课程评论
data. comments. id	1	Integer	—
data. comments. content	老师讲得真好，特别实用	String	内容
data. comments. name	齐**	String	昵称
data. comments. created _ at	2022-09-29 15:22:50	String	评论时间
data. comments. avatar	images/0a02886f-5625-4e66-bde2-61f07f71628f. png	String	头像
data. comments. user _ id	850	Integer	—
data. comments. iSelf	false	Boolean	是否是自己评论的字段

㉓资料列表。

请求 Header 参数名称：token；参数类型：String；是否必填：是；参数描述：无；示例值：d2cfd69d85fbfcde2b9f280231c7c95c。

请求 Body 参数接口代码示例：

```
{
"keywords"玉米"",
"type":[44
```

```
    ],
    "page":1
}
```

参数示例见表 3.31。

表 3.31　资料列表参数

参数名	示例值	参数类型	是否必填	参数描述
keywords	玉米	String	是	关键词
type	44	Array	是	课程领域
page	1	Integer	是	页码

响应示例：

接口代码：成功（200）。

{"status":200,"message":"操作成功","data":[{"id":10,"mooc_type_id":46,"title":"“利鲁牛”新品种介绍","type":1,"cover":"images \/"利鲁牛"新品种介绍.png","video":"files \/"利鲁牛"新品种介绍__谭**.mp4","synopsis":"“利鲁牛”新品种介绍","is_open_comment":0,"open_num":54,"video_length":"00:03:04","comment_count":6},{…}]}

参数示例见表 3.32。

表 3.32　资料详情参数

参数名	示例值	参数类型	参数描述
status	200	Integer	—
message	操作成功	String	—
data	—	Array	—
data.id	10	Integer	课程 id
data.mooc_type_id	46	Integer	课程分类
data.title	“利鲁牛”新品种介绍	String	标题
data.type	1	Integer	课程类型：1 视频；2 图文
data.cover	images/“利鲁牛”新品种介绍.png	String	课程封面
data.video	files/“利鲁牛”新品种介绍__谭**.mp4	String	课程视频
data.synopsis	“利鲁牛”新品种介绍	String	课程简要
data.is_open_comment	0	Integer	是否打开评论区
data.open_num	54	Integer	观看数
data.video_length	00:03:04	String	视频时长
data.comment_count	6	Integer	评论数

㉔获取全部分类。

请求 Header 参数名称：token；参数类型：String；是否必填：是；参数描述：无；示例值：d2cfd69d85fbfcde2b9f280231c7c95c。

响应示例：

接口代码：成功（200）。

{"status":200,"message":"操作成功","data":[{"id":1,"name":"草莓怎么种植"},{"id":2,"name":"茶叶工艺"}]}

参数示例见表 3.33。

表 3.33 获取全部分类参数

参数名	示例值	参数类型	参数描述
status	200	Integer	——
message	操作成功	String	——
data	——	Array	——
data. id	1	Integer	id
data. name	草莓怎么种植	String	分类名

㉕给课程评论。

请求 Header 参数名称：token；参数类型：String；是否必填：是；参数描述：无；示例值：d2cfd69d85fbfcde2b9f280231c7c95c。

请求 Body 参数接口代码：

```
{

    "mooc_id":1,

    "content":"测试测试",

}
```

参数示例见表 3.34。

表 3.34 给课程评论参数

参数名	示例值	参数类型	是否必填	参数描述
expert _ id	804	Integer	否	专家 id：有专家 id 是留言；没有是提问
type _ id	51	Integer	是	领域 id
content	测试测试	String	是	内容
images	http://———/upload/avatar/20230107/f233a69acd77967980ca54797a0d569f. png	Array	否	图片
prev _ quiz _ id	588	Integer	否	上一个问题 id

响应示例：

接口代码：成功（200）。

```
{

    "status":200,

    "message":"操作成功",

    "data":[]

}
```

参数示例见表 3.35。

表 3.35 给课程评论操作成功参数

参数名	示例值	参数类型	参数描述
status	200	Integer	—
message	操作成功	String	—
data	—	Array	—

㉖删除自己的评论。

请求 Header 参数名称：token；参数类型：String；是否必填：是；参数描述：无；示例值：5628b1982857d56980a7dccc558fdeb5。

请求 Body 参数接口代码：

```
{
    "comment_id":2,
}
```

参数示例见表 3.36。

表 3.36 删除自己的评论参数

参数名	示例值	参数类型	是否必填	参数描述
expert _ id	804	Integer	否	专家 id：有专家 id 是留言；没有是提问
type _ id	51	Integer	是	领域 id
content	测试测试	String	是	内容
images	http://———/upload/avatar/20230107/f233a69acd77967980ca54797a0d569f. png	Array	否	图片
prev _ quiz _ id	588	Integer	否	上一个问题 id

响应示例：

接口代码：成功（200）。

```
{
    "status":200,
    "message":"删除成功",
    "data":[]
}
```

参数示例见表 3.37。

表 3.37 删除自己的评论成功参数

参数名	示例值	参数类型	参数描述
status	200	Integer	—
message	删除成功	String	—
data	—	Array	—

㉗评论列表。

请求 Header 参数名称：token；参数类型：String；是否必填：是；参数描述：无；示例值：d2cfd69d85fbfcde2b9f280231c7c95c。

参数示例见表3.38。

表 3.38　请求 Body 参数

参数名	示例值	参数类型	是否必填	参数描述
id	10	String	是	课程 id
page	1	String	是	页码

响应示例：

接口代码：成功（200）。

```
{
    "status":200,
    "message":"操作成功",
    "data":{
        "total":9,
        "per_page":8,
        "current_page":1,
        "last_page":2,
        "data":[
            {
                "id":20,
                "content":"风已经是秋天的味道了哎",
                "name":"微信用户",
                "created_at":"2023-02-08 15:38:03",
                "avatar":"https://————/upload/avatar/20230208/1b6739f3baa8bb5a9
d36928922ae94b0.jpg",
                "user_id":2764,
                "iSelf":false
            },
            {
                "id":10,
                "content":"示例内容",
                "name":"11111",
                "created_at":"2023-02-03 10:01:48",
                "avatar":"https://————/upload/avatar/20230131/2f3f2f9a95c9e2a1e5
a77f3a10c4b391.jpg",
                "user_id":2761,
                "iSelf":false
```

```
            }
        ]
    }
}
```

参数示例见表 3.39。

表 3.39　评论列表参数

参数名	示例值	参数类型	参数描述
status	200	Integer	—
message	操作成功	String	—
data	—	Object	—
data. total	9	Integer	评论总数
data. per _ page	8	Integer	每页几条
data. current _ page	1	Integer	当前页
data. last _ page	2	Integer	最后一页
data. data	—	Array	—
data. data. id	20	Integer	评论 id
data. data. content	风已经是秋天的味道了哎	String	评论内容
data. data. name	微信用户	String	评论名称
data. data. created _ at	2023-02-08 15:38:03	String	评论时间
data. data. avatar	https://———/upload/avatar/20230208/1b6739f3baa8bb5a9d36928922ae94b0.jpg	String	用户头像
data. data. user _ id	2764	Integer	用户 id
data. data. iSelf	false	Boolean	是否是自己评论的

㉘学农技-课程列表。

请求 Header 参数名称：token；参数类型：String；是否必填：是；参数描述：无；示例值：d2cfd69d85fbfcde2b9f280231c7c95c。

请求 Body 参数接口代码：

```
{
    "keywords":"",
    "is_playback":0,
    "type":[]
}
```

参数示例见表 3.40。

表 3.40　请求 Body 参数

参数名	示例值	参数类型	是否必填	参数描述
keywords	—	String	否	—

（续）

参数名	示例值	参数类型	是否必填	参数描述
is_playback	0	Integer	是	是否是回放：1是；0否
type	—	Array	否	分类筛选，回放时选择

响应示例：

接口代码：成功（200）。

```
{
    "status":200,
    "message":"操作成功",
    "data":{
        "total":7,
        "per_page":10,
        "current_page":1,
        "last_page":1,
        "data":[
            {
                "id":2,
                "title":"这是一个图文课程",
                "cover":"https://————/upload/images/20230203/deb7fc1f864b4b1c0
449adae1eb9e6c9.png",
                "open_num":0,
                "type":2,
                "video_length":"00:03:04",
                "comment_count":2
            },
            {
                "id":3,
                "title":"这是一个图文课程(第二集)",
                "cover":"https://————/upload/images/20230203/deb7fc1f864b4b1c0
449adae1eb9e6c9.png",
                "open_num":0,
                "type":2,
                "video_length":"00:03:04",
                "comment_count":0
            }
        ]
    }
}
```

参数示例见表 3.41。

表 3.41　学农技-课程列表参数

参数名	示例值	参数类型	参数描述
status	200	Integer	—
message	操作成功	String	—
data	—	Object	—
data. total	7	Integer	—
data. per _ page	10	Integer	—
data. current _ page	1	Integer	—
data. last _ page	1	Integer	—
data. data	—	Array	—
data. data. id	2	Integer	课程 id
data. data. title	这是一个图文课程	String	课程标题
data. data. cover	https：//———/upload/images/20230203/ deb7fc1f864b4b1c0449adae1eb9e6c9. png	String	封面
data. data. open _ num	0	Integer	观看次数
data. data. type	2	Integer	展示类型：1 视频；2 图文
data. data. video _ length	00：03：04	String	视频时长
data. data. comment _ count	2	Integer	评论数

㉙课程详情。

请求 Header 参数名称：token；参数类型：String；是否必填：是；参数描述：无；示例值：ecd5b99830f007841f32733620a0f9ff。

请求 Body 参数名称：id；参数类型：String；是否必填：是；参数描述：课程 id；示例值：4。

响应示例：

接口代码：成功（200）。

```
{
    "status":200,
    "message":"操作成功",
    "data":{
        "the":{
            "id":4,
            "title":"这是一个视频课程",
            "cover":"https://———/upload/images/20230203/deb7fc1f864b4b1c0449a
dae1eb9e6c9. png",
            "file":"https://———/upload/video/20230203/a4f497cb3abb134750bc6f38
a8abb33c. mp4",
```

            "content":null,
            "is_open_comment":1,
            "type":1,
            "series_id":1,
            "create_time":"2023-02-01",
            "synopsis":"这是一个视频课程",
            "video_length":"00:03:04",
            "open_num":0,
            "comment_count":0
        },
        "tomorrow":{
            "id":1,
            "title":"这是一个视频课程",
            "cover":"https://————/upload/images/20230203/deb7fc1f864b4b1c0449a
dae1eb9e6c9.png",
            "file":"https://————/upload/video/20230203/a4f497cb3abb134750bc6f38
a8abb33c.mp4",
            "content":null,
            "is_open_comment":1,
            "type":1,
            "video_length":"00:03:04",
            "comment_count":4
        },
        "series":[
            {
                "id":1,
                "title":"这是一个视频课程",
                "start_time":"2023-02-07",
                "comment_count":4
            }
        ],
        "comments":[]
    }
}

参数示例见表 3.42。

表 3.42　课程详情参数

参数名	示例值	参数类型	参数描述
status	200	Integer	—

（续）

参数名	示例值	参数类型	参数描述
message	操作成功	String	—
data	—	Object	—
data. the	—	Object	这个课程
data. the. id	4	Integer	课程 id
data. the. title	这是一个视频课程	String	标题
data. the. cover	https：//————/upload/images/20230203/deb7fc1f864b4b1c0449adae1eb9e6c9. png	String	封面
data. the. file	https：//————/upload/video/20230203/a4f497cb3abb134750bc6f38a8abb33c. mp4	String	视频文件
data. the. content	null	Null	内容
data. the. is _ open _ comment	1	Integer	是否打开评论区
data. the. type	1	Integer	分类筛选，回放时选择
data. the. series _ id	1	Integer	系列 id
data. the. create _ time	2023-02-01	String	发布时间
data. the. synopsis	这是一个视频课程	String	简介
data. the. video _ length	00：03：04	String	视频时长
data. the. open _ num	0	Integer	观看次数
data. the. comment _ count	0	Integer	评论次数
data. tomorrow	—	Object	明日播放课程
data. tomorrow. id	1	Integer	id
data. tomorrow. title	这是一个视频课程	String	标题
data. tomorrow. cover	https：//————/upload/images/20230203/deb7fc1f864b4b1c0449adae1eb9e6c9. png	String	封面
data. tomorrow. file	https：//————/upload/video/20230203/a4f497cb3abb134750bc6f38a8abb33c. mp4	String	文件地址
data. tomorrow. content	null	Null	文本内容
data. tomorrow. is _ open _ comment	1	Integer	是否打开评论
data. tomorrow. type	1	Integer	文件类型
data. tomorrow. video _ length	00：03：04	String	视频时长
data. tomorrow. comment _ count	4	Integer	评论数
data. series	—	Array	这个系列的所有回放
data. series. id	1	Integer	
data. series. title	这是一个视频课程	String	—
data. series. start _ time	2023-02-07	String	播放时间
data. series. comment _ count	4	Integer	—
data. comments	—	Array	课程评论

㉚获取全部分类。

请求 Header 参数名称：token；参数类型：String；是否必填：是；参数描述：无；示例值：d2cfd69d85fbfcde2b9f280231c7c95c。

响应示例：

接口代码：成功（200）。

{"status":200,"message":"操作成功","data":[{"id":1,"name":"草莓怎么种植"},{"id":2,"name":"茶叶工艺"}]}

参数示例见表 3.43。

表 3.43　获取全部分类参数

参数名	示例值	参数类型	参数描述
status	200	Integer	—
message	操作成功	String	—
data	—	Array	—
data. id	1	Integer	id
data. name	草莓怎么种植	String	分类名

㉛给课程评论。

请求 Header 参数名称：token；参数类型：String；是否必填：是；参数描述：无；示例值：d2cfd69d85fbfcde2b9f280231c7c95c。

请求 Body 参数接口代码：

```
{
    "study_id":28,
    "content":"测试测试"
}
```

参数示例见表 3.44。

表 3.44　给课程评论参数

参数名	示例值	参数类型	是否必填	参数描述
expert _ id	804	Integer	否	专家 id：有专家 id 是留言；没有是提问
type _ id	51	Integer	是	领域 id
content	测试测试	String	是	内容
images	http://———/upload/avatar/20230107/f233a69acd77967980ca54797a0d569f. png	Array	否	图片
prev _ quiz _ id	588	Integer	否	上一个问题 id

响应示例：

接口代码：成功（200）。

```
{
    "status":200,
    "message":"评论成功",
    "data":[]
}
```

参数示例见表 3.45。

表 3.45　给课程评论成功参数

参数名	示例值	参数类型	参数描述
status	200	Integer	—
message	评论成功	String	—
data	—	Array	—

㉜删除自己的评论。

请求 Header 参数名称：token；参数类型：String；是否必填：是；参数描述：无；示例值：5628b1982857d56980a7dccc558fdeb5。

请求 Body 参数接口代码：

```
{
    "comment_id":5,
}
```

参数示例见表 3.46。

表 3.46　删除自己的评论代码参数

参数名	示例值	参数类型	是否必填	参数描述
expert _ id	804	Integer	否	专家 id：有专家 id 是留言；没有是提问
type _ id	51	Integer	是	领域 id
content	测试	String	是	内容
images	http://————/upload/avatar/20230107/f233a69acd77967980ca54797a0d569f.png	Array	否	图片
prev _ quiz _ id	588	Integer	否	上一个问题 id

响应示例：

接口代码：成功（200）。

```
{
    "status":200,
    "message":"删除成功",
    "data":[]
}
```

参数示例见表 3.47。

表 3.47 删除自己的评论成功参数

参数名	示例值	参数类型	参数描述
status	200	Integer	——
message	删除成功	String	——
data	——	Array	——

㉝评论列表。

请求 Header 参数名称：token；参数类型：String；是否必填：是；参数描述：无；示例值：d2cfd69d85fbfcde2b9f280231c7c95c。

参数示例见表 3.48。

表 3.48 评论列表请求 Body 参数

参数名	示例值	参数类型	是否必填	参数描述
id	28	String	是	课程 id
page	1	String	是	页码

响应示例：

接口代码：成功（200）。

```
{
    "status":200,
    "message":"操作成功",
    "data":{
        "total":1,
        "per_page":8,
        "current_page":1,
        "last_page":1,
        "data":[
            {
                "id":24,
                "content":"测试测试",
                "name":"用户名",
                "created_at":"2023-03-03 14:40:16",
                "avatar":"https://———/upload/avatar/20230106/6922c0c88cc8751a7df8bb5d69cb36ca.jpg",
                "user_id":2760,
                "iSelf":true
            }
        ]
    }
}
```

参数示例见表 3.49。

表 3.49 评论成功列表参数

参数名	示例值	参数类型	参数描述
status	200	Integer	—
message	操作成功	String	—
data	—	Object	—
data. total	1	Integer	评论总数
data. per _ page	8	Integer	每页几条
data. current _ page	1	Integer	当前页
data. last _ page	1	Integer	最后一页
data. data	—	Array	—
data. data. id	24	Integer	评论 id
data. data. content	测试测试	String	评论内容
data. data. name	用户名	String	评论名称
data. data. created _ at	2023-03-03 14:40:16	String	评论时间
data. data. avatar	https: //————/upload/avatar/20230106/6922c0c88cc8751a7df8bb5d69cb36ca. jpg	String	用户头像
data. data. user _ id	2760	Integer	用户 id
data. data. iSelf	true	Boolean	是否是自己评论的

㉞专家操作-专家重置密码。

参数示例见表 3.50。

表 3.50 专家操作请求 Body 参数

参数名	示例值	参数类型	是否必填	参数描述
mobile	182****2652	String	是	手机号
sms _ code	655781	String	是	短信验证码，目前是默认（默认数值）
password	123456	String	是	密码
re _ password	123456	String	是	确认密码

响应示例：

接口代码：成功（200）。

```
{
    "status":200,
    "message":"密码重置成功",
    "data":[]
}
```

参数示例见表 3.51。

表 3.51　专家重置密码成功参数

参数名	示例值	参数类型	参数描述
status	200	Integer	—
message	密码设置成功	String	—
data	—	Array	—

㉟获取验证码。

请求 Body 参数名称：mobile；参数类型：String；是否必填：是；参数描述：手机号；示例值：182****2652。

响应示例：

接口代码：成功（200）。

```
{
    "status":200,
    "message":"发送成功",
    "data":[]
}
```

接口代码：失败（201）。

```
{
    "status":201,
    "message":"您获取验证码次数已达上限,请联系客服修改密码",
    "data":[]
}
```

参数示例见表 3.52。

表 3.52　获取验证码成功参数

参数名	示例值	参数类型	参数描述
status	200	Integer	—
message	发送成功	String	—
data	—	Array	—

㊱专家登录。

参数示例见表 3.53。

表 3.53　专家登录 Body 参数

参数名	示例值	参数类型	是否必填	参数描述
mobile	155****2873	String	是	—
password	123456aaa	String	是	—

㊲专家中心-专家问答列表。

请求 Header 参数名称：accessToken；参数类型：String；是否必填：是；参数描述：专家 token；示例值：3100aacf441e553769d1d753b19aeff8。

参数示例见表 3.54。

表 3.54　专家中心-专家问答列表 Body 参数

参数名	示例值	参数类型	是否必填	参数描述
type	2	String	是	问答类型：1 提问；2 留言
status	0	Number	是	问答状态：0 待处理；10 已处理；20 已驳回
page	1	String	是	分页（页数）

响应示例：

接口代码：成功（200）。

```
{
    "status":200,
    "message":"操作成功",
    "data":{
        "total":1,
        "per_page":10,
        "current_page":1,
        "last_page":1,
        "data":[
            {
                "id":619,
                "question":"测试测试",
                "created_at":"2023-02-03 16:17:25",
                "images":[
                    "http:\/\/————\/upload \/avatar \/20230107 \/f233a69acd779679
80ca54797a0d569f. png",
                    "http:\/\/————\/upload \/avatar \/20230107 \/f233a69acd779679
80ca54797a0d569f. png",
                    "http:\/\/————\/upload \/avatar \/20230107 \/f233a69acd779679
80ca54797a0d569f. png"
                ],
                "praise_num":0,
                "status":0,
                "avatar":"http:\/\/————\/upload \/avatar \/20230131 \/2f3f2f9a95c9
e2a1e5a77f3a10c4b391. jpg",
                "nickname":"1*****",
                "name":"测试",
                "images1":[],
                "answer":null,
                "expert_name":null,
```

```
                "province":"",
                "city":"",
                "district":"",
                "type":"棉花",
                "statusName":"未处理"
            }
        ]
    }
}
```

参数示例见表 3.55。

表 3.55　专家中心-专家问答列表参数

参数名	示例值	参数类型	参数描述
status	200	Integer	—
message	操作成功	String	—
data	—	Object	—
data. total	1	Integer	—
data. per _ page	10	Integer	—
data. current _ page	1	Integer	—
data. last _ page	1	Integer	—
data. data	—	Array	—
data. data. id	619	Integer	问答 id
data. data. question	测试测试	String	问题内容
data. data. created _ at	2023-02-03 16:17:25	String	问题时间
data. data. images	http://————/upload/avatar/20230107/ f233a69acd77967980ca54797a0d569f. png	Array	问题图片
data. data. praise _ num	0	Integer	点赞数
data. data. status	0	Integer	问答状态值
data. data. avatar	http://————/upload/avatar/20230131/ 2f3f2f9a95c9e2a1e5a77f3a10c4b391. jpg	String	头像
data. data. nickname	1*****	String	用户昵称
data. data. name	测试	String	名称
data. data. images1	—	Array	回复图片
data. data. answer	null	Null	回答
data. data. expert _ name	null	Null	专家名称
data. data. province	—	String	省
data. data. city	—	String	市
data. data. district	—	String	县
data. data. type	棉花	String	问答类型：1 提问；2 留言
data. data. statusName	未处理	String	状态名称

㊳驳回问答。

请求 Header 参数名称：accessToken；参数类型：String；是否必填：是；参数描述：无；示例值：3100aacf441e553769d1d753b19aeff8。

㊴回复问答。

请求 Header 参数名称：accessToken；参数类型：String；是否必填：是；参数描述：无；示例值：3100aacf441e553769d1d753b19aeff8。

请求 Body 参数代码：

```
{
    "quiz_id":620,
    "content":"测试测试",
    "images":[
        "https：//———/upload/avatar/20230107/f233a69acd77967980ca54797a0d569f.png",
        "https：//———/upload/avatar/20230107/f233a69acd77967980ca54797a0d569f.png",
        "https：//———/upload/avatar/20230107/f233a69acd77967980ca54797a0d569f.png"
    ]
}
```

参数示例见表 3.56。

表 3.56　回复问答参数

参数名	示例值	参数类型	是否必填	参数描述
quiz_id	620	Integer	是	问题 id
content	测试测试	String	是	文本内容
images	http：//———/upload/avatar/20230107/f233a69acd77967980ca54797a0d569f.png	Array	是	图片

3.3.3.2　开发原型

主界面采用菜单化设计，将各功能模块（如找专家、学农技、问答大厅等）清晰地展示在主界面，系统与用户间的交互方便，并提供简洁的导航栏，可以通过底部导航栏快速访问不同功能模块，减少操作步骤，提高用户使用体验。

(1)"舜耕科技一键帮"服务平台首页界面

如图 3.1 所示，包括单位介绍、新闻推荐，并支持新闻中心跳转功能。

(2) 找专家界面

界面如图 3.2 所示，在该界面，用户可以通过搜索相关领域的关键词或专家姓名，快速找到适合的专家进行咨询。点击找专家界面中的图标，系统会跳转到专家信息介绍界面。在该界面中，用户可以详细了解到专家的基本信息，包括姓名、职称、联系方式、擅

图 3.1　首页及新闻中心

长领域等。此外，用户还可以直接在专家信息介绍界面中，通过点击"留言"按钮，对专家进行留言咨询，实现一键寻找专家和一键给专家留言的功能。这一设计不仅简化了用户查找和联系专家的过程，还确保了用户能够快速、便捷地获得专业的技术支持和指导。系统通过一体化的流程设计，提高了用户的操作效率，增强了用户体验的流畅性和满意度。

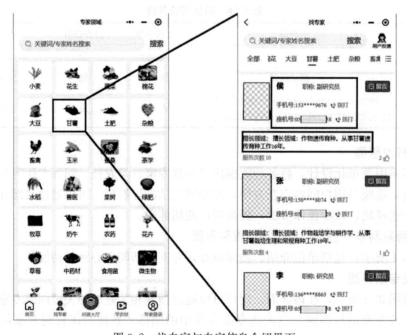

图 3.2　找专家与专家信息介绍界面

①搜索和筛选。在找专家界面中，用户可以在搜索框中输入关键词，如研究领域、专业技能或专家姓名。系统会即时响应用户输入，并根据关键词进行自动匹配。系统根据用户输入的关键词，自动从数据库中筛选出符合条件的专家列表，搜索结果包括专家的专业领域、研究方向、联系信息、职称等。为了提升搜索准确性，系统还可以支持模糊匹配和多关键字组合搜索。

②查看详情。点击感兴趣的专家图标，界面跳转至专家信息介绍界面，用户可以查看专家的详细信息，包括姓名、职称、联系方式、擅长领域等。信息介绍页面设计应清晰、易读，信息分块合理，确保用户能够快速找到所需的信息。可以使用图文结合的方式，增加用户对专家背景的直观了解。

③留言咨询。在专家信息介绍页面，用户可以找到"留言"按钮。点击该按钮后，弹出留言框或跳转至留言页面，如图 3.3 所示。留言框提供足够大的输入区域，允许用户详细描述自己的问题或需求。其中，留言框中应包括问题描述、附件上传（如图片或文件）等。用户填写完留言内容后，可以点击"提交问题"按钮，将留言信息发送给专家。系统应提供发送确认提示，确保用户知道留言已成功提交。专家收到留言后，系统会将留言通知发送给专家。专家可以通过专用的管理界面查看用户的留言，并进行回复。用户收到专家的回复后，系统会通过通知或消息提醒用户查看回复。用户可以在个人中心或留言管理页面查看自己的留言历史记录和专家的回复记录，以方便跟踪和管理咨询进度。

图 3.3　专家与留言界面

（3）问答大厅界面

在问答大厅界面，如图3.4所示，用户可以看到历史用户对专家的提问以及专家的详细回复。这种设计不仅为提问者提供了个性化的技术指导，还为新用户提供了宝贵的学习资源，通过查看他人的问题和专家的解答，用户可以获得有价值的知识和经验分享。点击界面右下角的"去提问"按钮，系统会跳转到用户提问界面。在该界面，用户可以根据自己的问题选择相应的领域，并对问题进行详细描述。为了更准确地描述问题，用户还可以通过一键上传图片的功能，将相关图片附加到问题中，帮助专家更直观地了解问题细节，从而提供更精准的解决方案。

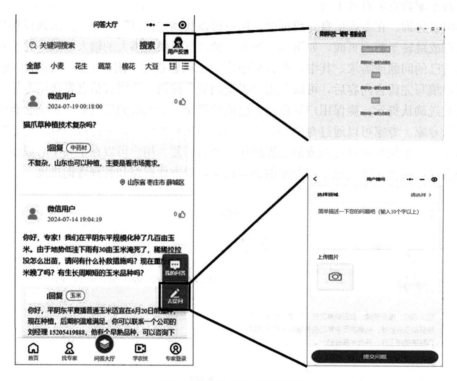

图 3.4　问答大厅与用户提问

同时，为了方便用户在使用过程中及时反馈问题，平台特别设计了用户反馈功能。用户可以点击界面右上角的"用户反馈"按钮，进入"舜耕科技一键帮"客服会话界面。在客服会话界面，用户可以实时与客服人员进行交流，反馈在使用过程中遇到的各种问题和建议。通过这种直接、高效的沟通方式，用户可以及时解决遇到的技术问题、功能障碍或其他困扰，确保用户体验顺畅。

①查看历史问答。在问答大厅界面，用户可以看到一个列表，展示平台上已经解决的各种问题和专家的回答，如图3.5所示。界面设计清晰直观，问题和答案可以按日期排序，以便用户快速找到所需的内容。用户可以利用搜索框输入关键词或短语，快速查找相关的历史问答。系统会根据输入的关键词检索数据库，显示包含相关内容的问答记录。同时，点击某个问题，用户可以进入详细查看页面，阅读专家对该问题的详细解答。这些解答不仅解决了特定用户的疑问，还形成了有价值的知识库，供其他用户学习和参考。用户

可以对有帮助的回答点赞或发表评论，增强平台的互动性。这不仅有助于其他用户识别高质量的回答，也能激励专家，为用户提供更好的服务。

图 3.5　历史问答

②去提问。在问答大厅界面的右下角，用户可以看到"去提问"按钮。按钮设计醒目且易于操作，可方便用户快速找到并使用。点击"去提问"按钮后，系统会自动跳转到专门的提问界面。页面加载速度快，能确保用户体验顺畅，避免等待时间过长。

③选择领域和描述问题。在提问界面，用户首先需要选择问题所属的领域。系统会提供一个下拉菜单或分类列表，涵盖平台支持的所有领域，如农作物种植、病虫害防治、农业机械等。选择合适的领域有助于系统将问题分配给最合适的专家。在选择领域后，用户需要对自己的问题进行详细描述。系统会提供一个文本编辑框，用户可以输入问题的详细情况。

④上传图片。用户可以通过一键上传功能，将相关图片（如病虫害症状、土壤状况等）附加到问题中，以便更清晰地说明问题。系统同时支持直接拍摄上传或从手机相册中选择图片，提供简便的图片上传流程，方便用户快速上传图片。这些图片有助于专家更准确地理解和分析问题。

⑤提交问题。用户完成问题描述和图片上传后，点击"提交问题"按钮，将问题发送给专家，等待专家的专业回复。

⑥追问功能。用户点击专家的回复内容，可以再次向该专家追问问题，如图 3.6 所示。这种设计不仅简化了用户的提问流程，还通过历史问答和专家的实时解答，为用户提

供丰富的知识资源和便捷的技术支持，提升了平台的实用性和用户体验。

图 3.6　向专家再次追问

通过上述设计理念和实现方式，提升了"舜耕科技一键帮"服务平台的用户体验，使农民和农业从业者能够高效、便捷地利用平台的各种功能和服务，从而提升他们的生产管理水平和经济效益。

（4）学农技界面

①农技资料。在农技资料界面，如图 3.7 所示，平台后台会上传涵盖不同农业领域的高质量教学视频。这些视频内容广泛，包括农业生产管理中的各个方面，如种植栽培技术、病虫害防治方法、新型科技成果转化等。每个视频都由经验丰富的专家精心制作，确保内容翔实、科学、通俗易懂，适合不同层次的用户学习。用户可以根据自己的需求，随时观看这些教学视频，以学习最新、最实用的农业技术和管理经验。无论是选择种植品种、掌握科学栽培方法，还是防治常见病虫害，这些视频都提供了详细的指导。此外，视频还涵盖了新型农业科技的应用和成果转化，帮助用户及时了解前沿科技动态，并应用于实际生产中。

②学农技。在学农技页面，设计了课程直播、回访、评论及用户反馈等功能，如图 3.8 所示。设置课程的播放时间后，用户可以定时观看直播课程，并支持课程回放。这一设计不仅丰富了平台的功能，提供了多样化的学习资源，还通过专业的视频教学，搭建了一个高效的知识传播平台。用户不仅能够方便地获取实用的农业知识，还可以在专家的

图 3.7　农技资料界面

指导下逐步提升个人农业科技水平。平台提供的这一功能，助力农民和农业从业者提升技术能力，最终实现更高的生产效益，提升产品质量。这种创新的在线学习方式，打破了时间和地域的限制，为广大农民和农业从业者提供了宝贵的学习机会。

图 3.8　学农技界面

（5）专家登录界面

图 3.9 所示为专家登录界面，平台为农业专家提供了一个专业、便捷的入口，使他们能够高效地管理自己的咨询服务和技术支持工作。专家可以使用注册时的账号和密码进行登录。登录后，他们可以查看和编辑个人信息，包括姓名、职称、联系方式和擅长领域等，同时提供详细的专业简介和工作经历，以展示其专业背景和技术实力。专家还可以查看和管理所有的咨询记录，包括用户的提问、自己的回复以及相关的反馈，并针对未回复的咨询进行管理，确保每个用户的问题都能及时得到解答。专家可以上传自己制作的教学视频，内容涵盖种植技术、病虫害防治、新型科技成果等，以帮助更多用户学习。专家对已上传的视频和教学资源可以随时进行管理，更新或删除过时的内容。平台还设有互动功能，专家可以查看用户在教学视频下的留言，并进行回复和互动，增强用户的学习体验。

（6）数据统计

后台提供的咨询服务统计数据，如图 3.10 所示，包括咨询数量、回复速度和用户满意度等，可以帮助专家了解自己的服务情况。同时，平台显示视频的观看次数、用户评价和反馈，帮助专家优化教学内容，确保教学资源的持续改进和用户满意度的提高。通过以上功能设计，专家登录界面不仅为农业专家提供了全面的服务管理工具，还促进了专家与用户之间的互动与交流，提升了平台的整体服务水平和用户满意度。

图 3.9　专家登录界面　　　　图 3.10　数据统计界面

3.3.3.3　代码示例

本部分内容是截取"舜耕科技一键帮"服务平台前端开发代码，供读者参阅。

```
<template>
    <view class="">
        <view class="top">
            <ls-swiper:list="base_lsit"
```

imgKey＝"image"：loop＝"true"：dots＝'dots'：autoplay＝'true'：height＝'150'/>
  </view>
  <view class＝"top-center">
   <view class＝"toping">

    <view class＝"label-text">单位介绍</view>
   </view>
   <view class＝"topings">
    <u-parse：content＝"unit_introduction"></u-parse>
   </view>

  </view>
  <view class＝"top-center"v-if＝"home_news＝＝1">
   <view class＝"toping"style＝"justify-content：　space-between；margin-bottom：28rpx；">
    <view class＝"toping-sing">

     <view class＝"label-text">新闻推荐</view>
    </view>
    <view class＝"more"@click＝"more">查看更多</view>
   </view>
   <view class＝"box"v-for＝"(item,index)in hotNews"：key＝"index">
    <view class＝"box-line"v-if＝"index<hotNews. length-1">

    </view>
    <view class＝"box-line"v-if＝"index＝＝hotNews. length-1">
     <view class＝"lineing"v-if＝"hotNews. length>1"></view>

    </view>
    <view class＝"right"@click＝"clicking(item. id)">
     <view class＝"right-flex">
      <view class＝"right-flex-text">{{item. title}}</view>
      <image　　src＝"../../static/img/righting. png"　class＝"img"mode＝""></image>
     </view>
     <view class＝"right-name">{{item. create_time}}</view>

    </view>

```
                </view>
            </view>
            <view class="container999">
                <view class="" style="height:120rpx;"></view>
                <tabBar:currentPage="currentPage"></tabBar>
            </view>
        </view>
    </view>
</template>
<script>
    var QQMapWX=require('@/utils/qqmap-wx-jssdk');
    import tabBar from '@/components/components/tabBar1.vue';
    import LsSwiper from '@/components/ls-swiper/index.vue';
    export default{
        components:{
            LsSwiper,
            tabBar
        },
        data(){
            return{
                currentPage:'index',
                base_lsit:[],
                hotNews:[],
                unit_introduction:"",
                dots:false,
                home_news:0,
            }
        },
        onLoad(options){
            console.log(options,'optionsoptionsoptionsoptions')
            let qrUrl=decodeURIComponent(options.q)
            console.log(qrUrl,'nameeeeeeeeeeeeee')
            if (qrUrl.length>0){
                let name=this.getQueryString(qrUrl)
                uni.setStorageSync('xuanyou',name.name);
            }
        },
        onShow(){
            //this.getAuthorizeInfo()
            this.home()
```

```
    },
    methods:{
        getQueryString(url){
            if (url && url.indexOf("?")==-1)return{}
            var startIndex=url.indexOf("?")+1;
            var str=url.substr(startIndex);
            var strs=str.split("&");
            var param={}
            for (var i=0;i<strs.length;i++){
                var result=strs[i].split("=");
                var key=result[0];
                var value=result[1];
                param[key]=value;
            }
            return param
        },
        //位置授权
        getAuthorizeInfo(){
            const that=this;
            uni.authorize({
                scope:'scope.userLocation',
                success(){//允许授权
                    that.getLocationInfo();
                },
                fail(){//拒绝授权
                    that.openConfirm();
                    console.log("你拒绝了授权,无法获得周边信息")
                }
            })
        },
        //获取地理位置
        getLocationInfo(){
            var qqmapsdk=new QQMapWX({
                key:'3VRBZ-4MQED-O4N4Z-HXXKD-NAP5H-SZBY2'//必填
            });
            const that=this;
            wx.getLocation({
                type:'gcj02',
                geocode:true,
```

```
        success(res){
            console.log(res,"位置位置位置 1111")
            qqmapsdk.reverseGeocoder({
                location:{
                    latitude:res.latitude,
                    longitude:res.longitude
                },
                success:function(res){//成功后的回调
                    console.log(res);
                    if (res.status==0){
                        uni.setStorageSync('adcode',res.result.ad_info.
adcode);
                    } else{
                        uni.showToast({
                            title:'地址解析失败',
                            icon:'none',
                            duration:1000
                        })
                    }
                },
            })
        }
    });
    },
    openConfirm(){
        uni.showModal({
            title:'请求授权当前位置',
            content:'需要获取您的地理位置,请确认授权',
            success:(res)=>{
                if (res.confirm){
                    uni.openSetting();//打开地图权限设置
                } else if (res.cancel){
                    uni.showToast({
                        title:'你拒绝了授权,无法获得周边信息',
                        icon:'none',
                        duration:1000
                    })
                }
            }
```

```
        });
    },
    clicking(id){
        uni.navigateTo({
            url:"/pages/new/detile?id="+id
        })
    },
    async home(){
        const res=await this.$myRequest({
            url:"home",
            method:'POST',
        });
        console.log(res,"home")
        if (res.data.status===200){
            this.base_lsit=res.data.data.slide_list//轮播
            if (this.base_lsit.length>1){
                this.dots=true
            } else{
                this.dots=false
            }
            this.hotNews=res.data.data.hotNews//列表
            this.home_news=res.data.data.home_news//列表
            this.unit_introduction=res.data.data.unit_introduction//介绍
            console.log(this.base_lsit)
        } else{
            uni.showToast({
                icon:'none',
                title:'获取失败',
            })
        }
    },
    more(){
        uni.navigateTo({
            url:"/pages/new/new"
        })
    },
    }
    }
</script>
```

```scss
<style lang="scss">
    .box{
        width:722rpx;
        display:flex;
        align-items:center;
        margin-left:28rpx;
        height:121rpx;
        .right{
            margin-left:13rpx;
            .lines{
                width:679rpx;
                height:1rpx;
                background:#F0F0F0;
                border-radius:1rpx;
                margin-top:20rpx;
            }
            .right-name{
                height:24rpx;
                font-size:24rpx;
                font-family:'PingFang SC';
                font-weight:400;
                color:#999999;
                line-height:24rpx;
                margin-top:18rpx;
            }
            .right-flex{
                .img{
                    width:44rpx;
                    height:44rpx;
                }
                .right-flex-text{}
                display:flex;
                align-items:center;
                justify-content:space-between;
                font-size:30rpx;
                font-family:'PingFang SC';
                font-weight:400;
                color:#222222;
                line-height:30rpx;
```

```
                width:694rpx;
            }
        }
    .box-line{
        display:flex;
        flex-direction:column;
        justify-content:center;
        align-items:center;
        width:9rpx;
        .circle{
            width:9rpx;
            height:9rpx;
            background:#29AC68;
            border-radius:50%;
            margin-top:24rpx;
        }
        .circles{
            width:9rpx;
            height:9rpx;
            background:#29AC68;
            border-radius:50%;
            margin-bottom:80rpx;
        }
        .line{
            width:1rpx;
            height:88rpx;
            background:rgba(41,172,104,0.5);
        }
        .lineing{
            width:1rpx;
            height:33rpx;
            background:rgba(41,172,104,0.5);
        }
        .active{
            height:120rpx;
        }
    }
}
.more{
```

```
        height:26rpx;
        font-size:26rpx;
        font-family:'PingFang SC';
        font-weight:400;
        color:#666666;
        line-height:26rpx;
        margin-right:23rpx;
    }
.toping-sing{
        display:flex;
        align-items:center;
    }
page{
        width:100%;
        height:100%;
        background-color:#f6f6f6;
    }
.top-center{
    .topings{
            width:684rpx;
            font-size:28rpx;
            font-family:'PingFang SC';
            font-weight:400;
            color:#222222;
            line-height:44rpx;
            margin:0 auto;
            margin-top:24rpx;
        }
    .toping{
            width:100%;
            padding-top:29rpx;
            height:33rpx;
            display:flex;
            align-items:center;
        }
        width:100%;
        height:auto;
        background-color:#FFF;
        margin-bottom:8rpx;
```

```
        }
    . label-text{
        height:31rpx;
        font-size:32rpx;
        margin-left:13rpx;
        font-family:'PingFang SC';
        font-weight:bold;
        color:#222222;
        line-height:31rpx;
    }
    . label{
        width:10rpx;
        height:33rpx;
        background:#29AC68;
        border-radius:0rpx 8rpx 8rpx 0px;
    }
</style>
```

1. 我的

```
<template>
    <view class="">
        <view class="">
            <view class="top"v-if="nologin">
                <u-navbar leftText=""title="    ":safeAreaInsetTop="true":place-
holder="true":bgColor="bgColor">
                    <view class="u-nav-slot"slot="left"></view>
                    <!--<view class="u-nav-slot"slot="center">
                        <view class="name">专家登录</view>
                    </view>-->
                </u-navbar>
                <view class="nologin">
                    <image: src="logos" style="width:100%;height:100%;;"
mode=""></image>
                </view>
                <view class="nologin-text">舜耕科技一键帮·专家登录</view>
                <view class="input"style="margin-top:87rpx;">
                    <input type="number"placeholder="手机号"maxlength="11"v-
model="phone"class="input-yan">
                    <image src="../../static/img/cloinput. png"class="cloinput"v-
show="phone. length>0"@click="del(1)"
```

```
                mode=""></image>
        </view>
        <view class="input"style="margin-top:60rpx;">
            <input type="text"placeholder="密码"password v-model="pass-
word"class="input-yan">
            <image src="../../static/img/cloinput.png"class="cloinput"v-
show="password.length>0"
                @click="del(2)"mode=""></image>
        </view>
        <view class="wj"@click="forget">忘记密码?</view>
        <view class="button"@click="login">登录</view>
        <view class="logion"style="margin-top:32rpx;">
            距上次登录已过30天,请重新登录
        </view>
    </view>
    <view class="page"v-else>
        <u-navbar leftText=""title=""：safeAreaInsetTop="true"：placehold-
er="true"：bgColor="bgColora">
            <view class="u-nav-slot"slot="left"></view>
            <view class="u-nav-slot"slot="center">
                <view class="name">专家中心</view>
            </view>
        </u-navbar>
        <view class="page-top">
        <view class="my">
            <view class="my-left"v-for="(item,index)in list1"：key="
index"@click="indexsclick(index)">
                <view class="name"：class="indexs==index?'active':""
>{{item.name}}</view>
                <view：class="indexs==index?'activeline':""class="
line"></view>
            </view>
        </view>
        <view class="my-button">
            <view class="my-button-anniu"v-for="(item,index)in list"
@click="checkedclick(index)"
                ：key="index"：class="checked==index?'checkedactive
':"">
                {{item.name}}
```

```
            </view>
          </view>
        </view>
        <view class=""style="height:168rpx;">
        </view>
        <view class="page-center" v-for="(item,index) in data":key="index">
            <view class="tab2-top">
              <view class="tab2-top-left">
                <image:            src="item.avatar"           class="tab2-img"mode=""></image>
                  <view class="tab2-img-top">
                    <view class="tab2-img-top-one">
                      <view class="tab2-img-top-one-name">
                        {{item.nickname}}
                      </view>
                    </view>
                    <view class="tab2-bottom">
                      {{item.created_at}}
                    </view>
                  </view>
              </view>
              <view class="tab2-top-right"
                    :class="item.statusName=='未处理'?'a1':item.statusName=='已处理'?'a2':"">
                    {{item.statusName}}
              </view>
            </view>
            <view class="test">
              {{item.question}}
            </view>
            <view class="imglidt"
v-if="item.images.length>0":class="item.images.length>0?'padding':""
                  style="width:645rpx;margin-top:32rpx;">
                  <image:src="items"class="simg"v-for="(items,indexs)in item.images":key="indexs"
                        @click="perviewImg(item.images,indexs)"style="width:207rpx;height:207rpx;"mode=""></image>
            </view>
```

```
<!--//待处理-->
<view class="page-height"v-if="item.statusName=='未处理'">
    <view class="page-height-button"@click="reject(item.id)"
        style="background-color:#F7F7F7;color:#666666;">
        驳回
    </view>
    <view class="page-height-button"@click="reply(item.id)">
        回复
    </view>
</view>
<!--//已处理-->
<view class=""v-if="item.statusName=='已处理'">
    <view class="myhuifu">
        <view class="myhuifu-text">
            我的回复
        </view>
        <view class="myhuifu-textimg">
            <mote-lines-divide:line="3":imglist="item.images1">
                {{item.answer}}
            </mote-lines-divide>
        </view>
    </view>
</view>
<view class=""style="height:1rpx;"v-if="item.statusName==驳回
">
    </view>
</view>
<!--//无数据-->
<view class="nono"v-if="flaging">
    <image src="../../static/img/no.png"mode=""style="width:
86rpx;height:92rpx;margin-right:18rpx">
    </image>
    暂无数据
</view>
</view>
<!--退出登录按钮-->
<view class="quit"v-if="nologin==false"@click="tuilojin">
    <image src="../../static/img/nologin.png"style="width:100%;
height:100%;;"mode=""></image>
```

```
            </view>
            <button open-type="contact"class=""：class="nologin?'service':'services'">
                    <image src="../../static/img/service.png"style="width：100%；
height：100%；；"mode=""></image>
            </button>
        </view>
        <!--//弹窗驳回-->
        <u-popup：show="show"mode="center"@close="close"@open="open"
round="10"：safeAreaInsetBottom="false">
            <view class="popo">
                    <view class="tishi"style="margin-top：74rpx；">驳回后将无法再次回
复</view>
                    <view class="tishi"style="margin-top：20rpx；">确定驳回吗</view>
                    <view class="heit">
                        <view class="heit-we"@click="close">
                            取消
                        </view>
                        <view class="heit-we"@click="closeing"style="border-right：
none；color：#29AC68；">
                            确定驳回
                        </view>
                    </view>
            </view>
        </u-popup>
        <view class="container999">
                <view class=""style="height：120rpx；"：class="nologin==false?'acty':""
></view>
                <tabBar：currentPage="currentPage"></tabBar>
        </view>
    </view>
</view>
</template>
<script>
    import tabBar from'@/components/components/tabBar1.vue';
    import MoteLinesDivide from"@/components/mote-lines-divide/mote-lines-divide.
vue"
    export default{
        components：{
            MoteLinesDivide，
            tabBar
```

```
        },
    data(){
        return{
            currentPage:'my',
            show:false,//弹窗驳回
            data:[],
            nologin:'',//未登录
            phone:'',
            password:"",
            bgColor:'rgba(255,255,255,0)',
            bgColora:'rgba(255,255,255,1)',
            indexs:0,
            imglist:['../../static/logo.png','../../static/logo.png','../../static/
logo.png',
                '../../static/logo.png','../../static/logo.png'
            ],
            //tab
            list1:[{
                name:'提问',
            },{
                name:'留言',
            },{
                name:'统计',
            }],
            checked:0,
            status:'',
            list:[{
                name:'全部',
                id:'',
            },{
                name:'待处理',
                id:0,
            },{
                name:'已处理',
                id:10,
            },{
                name:'已驳回',
                id:20,
            }],
```

```
            text:'小麦高产高效栽培及示范推广。高效栽培及示范推广。从事小麦
栽培高效栽培及示范推广。从事小麦栽培技术研究与推广工作30多年',
            page:1,
            flaging:false,
            rejectid:"",
            showOrNot:true,
            logos:""
        }
    },
    onShow(){
        this.checked=0
        this.status="
        //this.showOrNot=true
        if(this.showOrNot==true){
            if(uni.getStorageSync("accessToken")){
                this.quiz()
            }else{
                this.nologin=true
            }
        }
    },
    onLoad(){
        //this.setUserInfo()
        this.logo()
    },
    onReachBottom(){
        if(!this.nologin){
            this.loadMoreFunc();
        }
    },
    methods:{//预览图
        logo(){
            wx.request({
                url:this.$ApiUrl+"common/webConfig",
                method:"POST",
                header:{
                    'content-type':'application/x-www-form-urlencoded',
                },
                success:(loginRes)=>{
```

```
                console.log(loginRes,"3534543");
                this.logos=loginRes.data.data.logo1
            },
            fail:(loginErr)=>{
                console.log(loginErr);
            }
        })
    },
    perviewImg(arr,index){
        this.showOrNot=false
        const imgUrl=arr;//图片列表,this.imgList 是一个图片链接的数组。
        uni.previewImage({
            urls:imgUrl,//图片列表
            current:index,//当前显示图片的索引
        });
        console.log(imgUrl,index)
    },
    async loadMoreFunc(){//这个就是上拉加载
        this.page++;
        const res=await this.$myRequests({
            url:"expert/quiz",
            data:{
                type:this.indexs+1,
                status:this.status,
                page:this.page
            },
            method:'POST',
            withToken:true
        });
        //console.log(res,"单据列表的 res1111");
        if (res.data.status==200){
            if (res.data.data.data.length>0){
                var newData=res.data.data.data
                var orderList=this.data
                for (var i=0;i<newData.length;i++){
                    orderList.push(newData[i])
                }
                this.data=orderList;
                console.log(res.data.data.data,this.data)
```

```
        } else{
            uni.showToast({
                title:'没有更多了',
                icon:'none',
                duration:1000
            });
        }
    } else{
        uni.showToast({
            title:'获取失败',
            icon:'none',
            duration:1000
        });
    }
},
async quiz(){
    const res=await this.$myRequests({
        url:"expert/quiz",
        data:{
            type:this.indexs+1,
            status:this.status,
            page:this.page
        },
        method:'POST',
        withToken:true
    });
    console.log(res,"expert")
    if (res.data.status===200){
        console.log(res)
        if (res.data.data.data.length>0){
            this.flaging=false
            this.data=res.data.data.data
        } else{
            this.flaging=true
        }
        this.nologin=false
    } else if (res.data.status===201 || res.data.status===101){
        uni.showToast({
            icon:'none',
```

```
                title：res. data. message,
            })
            this. nologin＝true
        } else{
            uni. showToast({
                icon：'none',
                title：'获取失败',
            })
            this. nologin＝true
        }
    },
    del(i){
        if (i==1){
            this. phone＝"
        } else{
            this. password＝"
        }
    },
    async setUserInfo(){
        const res＝await this. $myRequest({
            url："user/getUserInfo",
            method：'POST',
            withToken：true
        });
        console. log(res,"setUserInfo")
        if (res. data. status===200){
        } else{
            uni. showToast({
                icon：'none',
                title：'获取失败',
            })
        }
    },
    tuilojin(){
        uni. removeStorageSync('accessToken')
        this. nologin＝true
    },
    //弹窗驳回//
    reject(id){
```

```
        this. show＝true
        this. rejectid＝id
},
//弹窗驳回
close(){
        this. show＝false
},
async closeing(){
        const res＝await this. $myRequests({
                url:"expert/reject",
                data:{
                        quiz_id:this. rejectid
                },
                method:'POST',
                withToken:true
        });
        console. log(res,"setUserInfo")
        if (res. data. status＝＝＝200){
                uni. showToast({
                        icon:'none',
                        title:'驳回成功',
                })
        } else{
                uni. showToast({
                        icon:'none',
                        title:'驳回失败',
                })
        }
        this. close()
        this. page＝1
        this. data＝[]
        this. quiz()
},
//回复按钮
reply(id){
        uni. navigateTo({
                url:"/pages2/reply/reply?id＝"＋id
        })
},
```

```
//登录
login(){
    if (this. phone==""){
        uni. showToast({
            icon:'none',
            title:'请输入手机号',
        })
        return
    }
    if (this. password==""){
        uni. showToast({
            icon:'none',
            title:'请输入登录密码',
        })
        return
    }
    this. logining()
},
async logining(){
    const res=await this. $myRequest({
        url:"expert/login",
        data:{
            mobile:this. phone,
            password:this. password
        },
        method:'POST',
        withToken:true
    });
    console. log(res,"expert")
    if (res. data. status===200){
        this. nologin=false
        uni. showToast({
            icon:'none',
            title:'登录成功',
        })
        uni. setStorageSync('accessToken',res. data. data. expert_token);
        this. page=1
        this. data=[]
        this. quiz()
```

```
        } else if (res. data. status===201){
            uni. showToast({
                icon:'none',
                title:res. data. message
            })
            this. nologin=true
        } else{
            uni. showToast({
                icon:'none',
                title:'登录失败',
            })
            this. nologin=true
        }
    },
    //找回密码
    forget(){
        uni. navigateTo({
            url:"/pages2/forgetPassword/forgetPassword"
        })
    },
    indexsclick(i){
        this. indexs=i
        this. page=1
        this. data=[]
        uni. pageScrollTo({
            scrollTop:0,
            duration:100,
        });
        if (i==2){
            uni. navigateTo({
                url:"/pages2/statistics/statistics"
            })
            this. indexs=0
        } else{
            this. quiz()
        }
    },
    checkedclick(i){
        this. data=[]
```

```
                this. page=1
                this. checked=i
                this. status=this. list[i]. id
                this. quiz()
            },
        },
    }
</script>
<style lang="scss">
    . acty{
        background-color: #f6f6f6;
    }
    button{
            margin:0;
            padding:0;
            outline:none;
            border-radius:0;
            background-color:transparent;
            line-height:inherit;
        }
        button::after{
            border:none;
        }
    . service{
        width:137rpx;
        height:137rpx;
        display:block;
        margin-left:590rpx;
        margin-top:-13rpx;
    }
    . services{
        width:137rpx;
        height:137rpx;
        position:fixed;
        bottom:195rpx;
        right:30rpx;
    }
    . tishi{
        width:100%;
```

```
        font-size:34rpx;
        text-align:center;
        font-family:'PingFang SC';
        font-weight:bold;
        color:#222222;
        line-height:41.5rpx;
    }
    .heit-we{
        width:50%;
        border-right:1rpx solid#E6E6E6;
        height:90rpx;
        font-size:32rpx;
        font-family:'PingFang SC';
        font-weight:400;
        color:#222;
        line-height:90rpx;
        display:flex;
        align-items:center;
        justify-content:center;
    }
    .heit{
        height:90rpx;
        position:absolute;
        left:0rpx;
        bottom:0rpx;
        width:100%;
        border-top:1rpx solid#E6E6E6;
        display:flex;
        align-items:center;
        justify-content:center;
    }
    .popo{
        width:636rpx;
        height:331rpx;
        background:#FFFFFF;
        border-radius:20rpx;
        position:relative;
    }
    .quit{
```

```
        width:81rpx;
        height:91rpx;
        position:fixed;
        left:0rpx;
        bottom:148rpx;
    }
    .imglidt{
        width:691rpx;
        margin:0 auto;
        display:flex;
        flex-wrap:wrap;
        justify-content:flex-start;
        align-items:center;
        .simg{
            height:223rpx;
            width:223rpx;
            margin-right:11rpx;
            margin-bottom:10rpx;
        }
        .simg:nth-of-type(3n+0){
            margin-right:0;
        }
    }
.page-center{
    width:100%;
    background-color:#FFF;
    margin-top:16rpx;
    .yclhuifu{
        width:694rpx;
        background:#F7F7F7;
        border-radius:8rpx;
        margin:0 auto;
        overflow:hidden;
        .ycltext{
            width:642rpx;
            font-size:28rpx;
            font-family:'PingFang SC';
            font-weight:400;
            color:#444444;
```

```
            line-height:44rpx;
            margin:0 auto;
        }
        .yclhuifu-text{
            width:100%;
            margin:0 auto;
            height:80rpx;
            background:#F7F7F7;
            font-size:30rpx;
            font-family:'PingFang SC';
            font-weight:bold;
            color:#29AC68;
            padding-left:21rpx;
            line-height:80rpx;
        }
    }
    .myhuifu{
        width:694rpx;
        border-radius:8rpx;
        margin:0 auto;
        overflow:hidden;
        .myhuifu-textimg{
            width:100%;
            font-size:28rpx;
            font-family:'PingFang SC';
            font-weight:400;
            color:#444444;
            margin:0 auto;
            line-height:44rpx;
        }
        .myhuifu-text{
            width:100%;
            margin:0 auto;
            height:80rpx;
            background:#F7F7F7;
            font-size:30rpx;
            font-family:'PingFang SC';
            font-weight:bold;
            color:#29AC68;
```

```
        padding-left:21rpx;
        line-height:80rpx;
    }
}
.page-height{
    height:116rpx;
    width:701rpx;
    margin:0 auto;
    border-top:1rpx solid #F0F0F0;
    display:flex;
    align-items:center;
    justify-content:flex-end;
    .page-height-button{
        width:158rpx;
        height:60rpx;
        background:#29AC68;
        border-radius:30rpx;
        display:flex;
        align-items:center;
        justify-content:center;
        font-size:28rpx;
        font-family:'PingFang SC';
        font-weight:400;
        color:#FFFFFF;
        line-height:60rpx;
        margin-left:24rpx;
    }
}
.test{
    width:687rpx;
    font-size:30rpx;
    font-family:'PingFang SC';
    font-weight:400;
    color:#222222;
    margin:0 auto;
    line-height:40rpx;
    margin-bottom:26rpx;
}
.tab2-top{
```

```
width:689rpx;
margin:0 auto;
display:flex;
align-items:center;
justify-content:space-between;
height:137rpx;
. tab2-top-right{
    height:28rpx;
    font-size:28rpx;
    font-family:'PingFang SC';
    font-weight:400;
    color:#E44343;
    line-height:28rpx;
}
. a1{
    color:#29AC68;
}
. a2{
    color:#666;
}
. tab2-top-left{
    display:flex;
    align-items:center;
    . tab2-img-top{
        margin-left:19rpx;
        . tab2-bottom{
            margin-top:15rpx;
            height:28rpx;
            font-size:28rpx;
            font-family:'PingFang SC';
            font-weight:400;
            color:#999999;
            line-height:28rpx;
        }
        . tab2-img-top-one{
            . line-la{
                width:125rpx;
                height:38rpx;
                background:#F7F7F7;
```

```
            border:1px solid#E6E6E6;
            border-radius:19rpx;
            display:flex;
            align-items:center;
            justify-content:center;
            font-size:24rpx;
            font-family:'PingFang SC';
            font-weight:400;
            color:#666666;
            margin-left:12rpx;
            line-height:38rpx;
        }
        .tab2-img-top-one-name{
            height:30rpx;
            font-size:30rpx;
            font-family:'PingFang SC';
            font-weight:400;
            color:#222222;
            line-height:30rpx;
        }
        display:flex;
        align-items:center;
    }
    display:flex;
    justify-content:center;
    flex-direction:column;
}
.tab2-img{
    width:80rpx;
    height:80rpx;
    border-radius:50%;
}
        }
    }
}
.my-button{
    height:110rpx;
    width:100%;
    display:flex;
```

```
            align-items:center;
            justify-content:center;
            .my-button-anniu{
                display:flex;
                align-items:center;
                justify-content:center;
                width:150rpx;
                height:54rpx;
                background:#F7F7F7;
                border-radius:27rpx;
                font-size:30rpx;
                border:1px solid#F7F7F7;
                font-family:'PingFang SC';
                font-weight:400;
                color:#222222;
                line-height:54rpx;
                margin-right:34rpx;
            }
            .my-button-anniu:last-child{
                margin-right:0;
            }
            .checkedactive{
                background:#FFFFFF;
                border:1px solid#29AC68;
                color:#29AC68;
            }
        }
    }
    .my-left{
        width:160rpx;
        display:flex;
        align-items:center;
        justify-content:center;
        height:57rpx;
        flex-direction:column;
    }
    .logion{
        width:100%;
        height:29rpx;
        font-size:28rpx;
```

```
        font-family:PingFang SC;
        font-weight:400;
        color:#999999;
        line-height:29rpx;
        text-align:center;
    }
    .my{
        width:750rpx;
        height:57rpx;
        background:#FFFFFF;
        display:flex;
        align-items:center;
        justify-content:center;
    }
    .page{
        width:750rpx;
        min-height:100vh;
        background:#F7F7F7;
        .page-top{
            width:750rpx;
            height:168rpx;
            background:#FFFFFF;
            z-index:11;
            position:fixed;
        }
    }
    .nono{
        width:100%;
        display:flex;
        align-items:center;
        justify-content:center;
        font-size:30rpx;
        font-family:'PingFang SC';
        font-weight:400;
        color:#666666;
        line-height:30rpx;
        margin-top:361rpx;
    }
    .button{
```

```
        width:639rpx;
        height:96rpx;
        background:#29AC68;
        border-radius:48rpx;
        margin:0 auto;
        display:flex;
        align-items:center;
        justify-content:center;
        font-size:34rpx;
        font-family:'PingFang SC';
        font-weight:400;
        color:#FFFFFF;
        line-height:96rpx;
        margin-top:138rpx;
    }
    .wj{
        height:28rpx;
        font-size:28rpx;
        font-family:'PingFang SC';
        font-weight:400;
        color:#666666;
        margin-right:56rpx;
        line-height:28rpx;
        display:flex;
        align-items:center;
        justify-content:flex-end;
        margin-top:35rpx;
    }
    .cloinput{
        position:absolute;
        right:32rpx;
        top:26rpx;
        width:44rpx;
        height:44rpx;
        z-index:11;
    }
    .input-yan{
        width:439rpx;
        height:96rpx;
```

```
        padding-left:45rpx;
        font-size:34rpx;
        font-family:'PingFang SC';
        font-weight:400;
        color:#222;
        line-height:96rpx;
    }
    .input{
        width:639rpx;
        height:96rpx;
        background:#F7F7F7;
        border-radius:48rpx;
        margin:0 auto;
        position:relative;
    }
    .nologin-text{
        width:100%;
        height:40rpx;
        font-size:40rpx;
        font-family:'PingFang SC';
        font-weight:bold;
        color:#222222;
        line-height:40rpx;
        text-align:center;
        margin-top:135rpx;
    }
    .nologin{
        width:410rpx;
        height:250rpx;
        margin:0 auto;
        display:block;
        margin-top:49rpx;
    }
    .name{
        height:36rpx;
        font-size:30rpx;
        font-family:'PingFang SC';
        font-weight:bold;
        color:#222222;
```

```
        line-height:34rpx;
    }
    .top{
        width:750rpx;
        background:linear-gradient(180deg,#DAEBE2 0%,#FFFFFF 30%);
    }
    .line{
        width:40rpx;
        height:5rpx;
        background:#fff;
        border-radius:3rpx;
        margin-top:16rpx;
    }
    .activeline{
        background-color:#29AC68;
    }
    .active{
        font-size:34rpx;
        font-family:'PingFang SC';
        font-weight:bold;
        color:#29AC68;
    }
</style>
```

2. 新闻

```
<template>
    <view class="">

        <view class="new"v-for="(item,index)in data":key="index"@click="nav(item.id)">
            <view class="dian">
            </view>
            <view class="right">
                <view class=""style="height:24rpx;">

                </view>
                <view class="text":class="index==0?'active':"">
                    <view class="texe-left">
                        {{item.title}}
                    </view>
```

```
                <view class="">
                    <u-icon name="arrow-right" color="#999999" size="17">
</u-icon>
                </view>
                <view class="time">
                    {{item.publish_time}}
                </view>
            </view>
        </view>
    </view>
</template>
<script>
    export default{
        components:{},
        data(){
            return{
                data:[]
            }
        },
        onShow(){
            this.news()
        },
        methods:{
            async news(){
                const res=await this.$myRequest({
                    url:"news/news_list",
                    method:'POST',
                    withToken:true
                });
                console.log(res,"category")
                if (res.data.status===200){
                    this.data=res.data.data.data
                } else{
                    uni.showToast({
                        icon:'none',
                        title:'获取失败',
                    })
                }
```

```
        },
        async loadMoreFunc(){//这个就是上拉加载
            this.page++;

        },
        nav(id){
            uni.navigateTo({
                url:"/pages/new/detile?id="+id
            })
        }
    }
}
</script>
<style>
    .time{
        height:24rpx;
        font-size:24rpx;
        font-family:'PingFang SC';
        font-weight:400;
        color:#999999;
        line-height:24rpx;
        margin:23rpx 0;
    }
    .texe-left{
        width:622rpx;
        font-size:30rpx;
        font-family:'PingFang SC';
        font-weight:400;
        color:#222222;
        line-height:38rpx;
    }
    .text{
        width:100%;
        display:flex;
        align-items:center;
        justify-content:space-between;

    }
    .right{
```

```
        width:679rpx;
        border-bottom:1rpx solid#F0F0F0;
        margin:0 auto;
    }
    .dian{
        width:9rpx;
        height:9rpx;
        background:#29AC68;
        border-radius:50%;position:absolute;left:24rpx;
        top:38rpx;
        margin-right:15rpx;

    }
    .new{
        width:100%;
        display:flex;
        position:relative;
    }
    .active{
        margin-top:0rpx;
    }
</style>
```

3. 提问

```
<template>
    <view class="">
        <view class="expertpeo">
            <view class="top">
                <view class="input">
                    <image src="../../static/img/search.png"class="img"mode
=""></image>
                    <input type="text"v-model="keywords"placeholder="关键词搜
索"class="inputs">
                    <view class="text"@click="serch">
                        搜索
                    </view>
                </view>
                <button class="right"open-type="contact">
                    <image src="../../static/img/artificial.png"class="imgs"mode
=""></image>
```

```
<view class="right-text">
    用户反馈
</view>
</button>
</view>
<view class="tab">
    <view class="" style="width:650rpx;margin-left:25rpx;display:flex;
align-items:center;">
        <view class="vvvb" @click="dianji" style="">
            <view class="" :class="current==-1?'mfkd':''">
                全部
            </view>
            <view class="" v-if="current==-1"
                style="margin-top:20rpx;width:20px;height:3px;back-
ground:#29AC68;position:absolute;bottom:-16rpx;border-radius:3rpx;">
            </view>
        </view>
        <view class="" style="width:530rpx;">
            <u-tabs :list="list" :activeStyle="{color:'#29AC68',font-
Weight:'bold'}" :current="current"
                :lineColor="ddf" itemStyle="padding-left:1px;padding-
right:24px;height:40px;"
                @click="click">
            </u-tabs>
        </view>
    </view>
    <image src="../../static/img/right.png" @click="toast" class="
simg" mode=""></image>
</view>
</view>
<view class="" style="height:185rpx;">
</view>
<view class="center" v-for="(item,index) in serchlist" :key="index">
    <view class="center-top-top">
        <view class="center-top-top-left" @click="nav(item.id)">
            <image :src="item.avatar || '/static/img/m_logo.png'" style="
width:88rpx;height:88rpx;border-radius:50%" mode="">
            </image>
            <view class="lab">
```

```
            <view class="">
                {{item. nickname}}
            </view>
            <view class="time">
                {{item. created_at}}
            </view>
        </view>
    </view>
    <view class="center-top-top-right">
        <view class="num">
            {{item. praise_num}}
        </view>
<image: src="item. isPraise==true?'../../static/img/dzs. png':'../../static/img/
dz. png'"
                    @click="falgcli(index, item. id)"mode=""style="width:
44rpx;height:44rpx;;"></image>
        </view>
    </view>
    <view class="cvb"@click="nav(item. id)">
        {{item. question}}
    </view>
    <view class="rty"@click="nav(item. id)"v-if="item. status==10">
        <view class="rtyone">
            <view class="rtyoneing">
                {{item. name!=null?item. name:item. expert_name}}回复
            </view>
            <view class="rtyoneyyy">
                {{item. type}}
            </view>
        </view>
        <view class="yui">
            {{item. answer==null?'暂无内容':item. answer}}
        </view>
        <view class=""style="height:15rpx;">
        </view>
    </view>
    <view class="ling"@click="nav(item. id)">
        <image src="../../static/img/dw. png"style="width:21rpx;height:
25rpx;;"mode=""></image>
```

```
<view class="weizhi">
    {{item.province}}{{item.city}}{{item.district}}
</view>
</view>
</view>
<!--//无数据-->
<view class="nono"v-if="listflag">
    <image src="../../static/img/no.png"mode=""style="width:86rpx;
height:92rpx;margin-right:18rpx"></image>
    没有搜索到内容,换个关键词试试
</view>
<!--//弹窗-->
<view class="u-popup"v-if="open">
    <scroll-view scroll-y="true"style="height:400rpx;">
        <view class="scroll-view">
            <!--<view class="scroll-view-div"
@click="xuans(999999)":class="division==true?'act':'"'">
                全部
            </view>-->
            <view class="scroll-view-div"v-for="(item,index)in list":key="
index"
                :class="current==index?'act':'"'"@click="xuans(index)">
                {{item.name}}
            </view>
        </view>
    </scroll-view>
    <view class="he"@click="opening">
        收起
        <image:src="open==
false?'../../static/img/top.png':'../../static/img/bottom.png'"
                style="width:16rpx;height:8rpx;margin-left:13rpx"mode="">
        </image>
    </view>
</view>
<view class="dsds"v-if="open"@click="opening"></view>
<view class="ting">
    <view class="ting-one"@click="myanswer">
        <image src="../../static/img/lyi.png"style="width:44rpx;height:
44rpx;;"mode=""></image>
```

```
            <view class="ting-one-text">
                我的问答
            </view>
        </view>
        <view class="ting-one" style="border-bottom：none；" @click="quiz">
            <image src="../../static/img/xz.png" style="width：44rpx；height：
44rpx；；" mode=""></image>
            <view class="ting-one-text">
                去提问
            </view>
        </view>
    </view>
    <view class="container999">
        <view class="" style="height：120rpx；"></view>
        <tabBar：currentPage="currentPage"></tabBar>
    </view>
    </view>
    </view>
</template>


<script>
    var QQMapWX=require('@/utils/qqmap-wx-jssdk')；
    import tabBar from '@/components/components/tabBar1.vue'；
    export default{
        components：{
            tabBar
        },
        data(){
            return{
                currentPage：'questions',
                open：false,
                list1：[],
                ddf："#FFFFFF",
                current：-1,
                list：[],
                division：false,
                listflag：false,
                serchlist：[],
                type：[],
                page：1,
```

```
            keywords:"",
            leixing:"",
            typeing:",
            logos:"",
            zhuangtai:""
        }
    },
onLoad(){
    this.category()
},
onShow(){

    console.log(this.zhuangtai,"pppppppppp")
    if (this.typeing==2){
        this.current=0
        this.type=[]
        this.page=1
        this.category()
        this.categorys()
    }
    if (this.zhuangtai==2){
        this.current=0
        this.type=[]
        this.page=1
        this.category()
        this.categorys()
    }
    console.log(this.typeing,"[[[[[[[[[[[]]]]]]]]]]]]")
},
onReachBottom(){
    this.loadMoreFunc();
},
methods:{
    opening(){
        this.open=false
        //this.type=[]
        //this.page=1
        //this.list1.forEach((item,index)=> {
        //    if (item.flag==true){
```

```
//          this. type. push(item. id)
//      }
//})
//this. searchlist()
//console. log(this. list1,this. type)
    },
async categorys(){
    const res=await this. $myRequest({
        url:"Expert/category",
        method:'POST',
        withToken:true
    });
    console. log(res,"category")
    if (res. data. status===200){
        this. list1=res. data. data
        this. list1. forEach((item,index)=>{
            item. flag=false
        })
    } else if (res. data. status===201 || res. data. status===101){
        uni. showToast({
            icon:'none',
            title:res. data. message,
        })
    } else{
        uni. showToast({
            icon:'none',
            title:'获取失败',
        })
    }
    },
async loadMoreFunc(){//这个就是上拉加载
    this. page++;
    const res=await this. $myRequest({
        url:"Quizs/question_list",
        data:{
            "keywords":this. keywords,//搜索内容
            "type":this. type,
            "page":this. page,//页码
        },
```

```
            method:'POST',
            withToken:true
        });
        //console.log(res,"单据列表的 res1111");
        if (res.data.status==200){
            if (res.data.data.data.length>0){
                var newData=res.data.data.data
                var orderList=this.serchlist
                for (var i=0;i<newData.length;i++){
                    orderList.push(newData[i])
                }
                this.serchlist=orderList;
                console.log(res.data.data.data,this.serchlist)
                this.serchlist.forEach((item,index)=>{
                    item.isLike==false
                })
            } else{
                uni.showToast({
                    title:'没有更多了',
                    icon:'none',
                    duration:1000
                });
            }
        } else{
            uni.showToast({
                title:'获取失败',
                icon:'none',
                duration:1000
            });
        }
    },
    fankui(){
        wx.openCustomerServiceChat({
            extInfo:{
                url:'https://work.weixin.qq.com/kfid/kfc91d4c0aec6484419'
            },
            corpId:'ww059802f1d8646c09',//绑定企业微信(这是示例,参考
https://blog.csdn.net/SLife4599/article/details/124344174)
            success(res){
```

```
            console. log(res)
        }
    })
},
async category(){
    const res=await this. $myRequest({
        url:"Expert/category",
        method:'POST',
        withToken:true
    });
    console. log(res,"category")
    if (res. data. status===200){
        this. list=res. data. data
        //var obj={
        //    id:",
        //    name:"全部"
        //}
        this. page=1
        this. keywords="
        //this. list. unshift(obj)
        this. searchlist()
        this. categorys()
    } else if (res. data. status===201 || res. data. status===101){
        uni. showToast({
            icon:'none',
            title:res. data. message,
        })
    } else{
        uni. showToast({
            icon:'none',
            title:'获取失败',
        })
    }
},
dianji(){
    this. type=[]
    this. page=1
    this. current=-1
    this. ddf='#FFFFFF'
```

```
            this. searchlist()
    },
    click(item){
        this. ddf='#29AC68'
        console. log(item)
        this. current=item. index
        this. type=[]
        if (item. id){
            this. type. push(item. id)
        } else{
            this. type=[]
        }
        this. page=1
        this. searchlist()
    },
    serch(){
        this. page=1
        this. ddf="#FFF"
        this. type=[]
        this. current=-1
        this. open=false
        this. searchlist()
    },
    async searchlist(){
        this. serchlist=[]
        const res=await this. $myRequest({
            url:"Quizs/question_list",
            data:{
                "keywords":this. keywords,//搜索内容
                "type":this. type,
                "page":this. page,//页码
            },
            method:'POST',
            withToken:true
        });
        console. log(res,"category")
        if (res. data. status===200){
            if (res. data. data. total>0){
                this. listflag=false
```

```
            this. serchlist=res. data. data. data
            this. serchlist. forEach((item,index)=>{
                item. isLike==false
            })
            console. log(this. serchlist)
        } else{
            this. listflag=true
            uni. showToast({
                icon:'none',
                title:'暂无数据',
            })
            this. serchlist=[]
        }
    } else{
        uni. showToast({
            icon:'none',
            title:'获取失败',
        })
    }
},
//我的回答
myanswer(){
    //console. log(11111111111111)
    //let locationEnabled="
    //uni. getSystemInfo({
    //      success:(res=>{
    //          locationEnabled=res. locationEnabled
    //      })
    //});
    //if(locationEnabled==false){
    //      uni. showToast({
    //          icon:'none',
    //          title:'请开启手机定位',
    //      })
    //      return
    //}
    this. leixing=1
    if (this. leixing==1){
        uni. navigateTo({
```

```
                url:'/pages2/myanswer/myanswer'
            })
        } else{
            uni. navigateTo({
                url:"/pages2/quiz/quiz?type="+3
            })
        }

},
//位置授权
getAuthorizeInfo(){



    const that=this;
    uni. authorize({
        scope:'scope. userLocation',
        success(){//允许授权
            that. getLocationInfo();
        },
        fail(){//拒绝授权
            that. openConfirm();
            console. log("你拒绝了授权,无法获得周边信息")
        }
    })
},
//获取地理位置
getLocationInfo(){
    var qqmapsdk=new QQMapWX({
        key:'3VRBZ-4MQED-O4N4Z-HXXKD-NAP5H-SZBY2'//必填
    });
    const that=this;
    wx. getLocation({
        type:'gcj02',
        geocode:true,
        success(res){
            console. log(res,"位置位置位置 1111")
            qqmapsdk. reverseGeocoder({
                location:{
```

```
                    latitude:res. latitude,
                    longitude:res. longitude
                },
                success:function(res){//成功后的回调
                    console. log(res);
                    if (res. status==0){
                        uni. setStorageSync('adcode',
res. result. ad_info. adcode);

                    } else{
                        uni. showToast({
                            title:'地址解析失败',
                            icon:'none',
                            duration:1000
                        })
                    }
                },
            })
        }
    });
},
openConfirm(){
    uni. showModal({
        title:'请求授权当前位置',
        content:'需要获取您的地理位置,请确认授权',
        success:(res)=>{
            if (res. confirm){
                uni. openSetting();//打开地图权限设置
            } else if (res. cancel){
                uni. showToast({
                    title:'你拒绝了授权,无法获得周边信息',
                    icon:'none',
                    duration:1000
                })
            }
        }
    });
},
toast(){
```

```
        this. open=! this. open
    },
    falgcli(i,id){
        this. serchlist[i]. isPraise=! this. serchlist[i]. isPraise
        if (this. serchlist[i]. isPraise==true){
            this. serchlist[i]. praise_num++
        } else{
            this. serchlist[i]. praise_num--
        }
        this. addLike(id)
    },
    async addLike(id){
        const res=await this. $myRequest({
            url:"Quizs/praise",
            data:{
                quiz_id:id
            },
            method:'POST',
            withToken:true
        });
        console. log(res,"addLike")
        if (res. data. status===200){
            //uni. showToast({
            //    icon:'none',
            //    title:'点赞成功',
            //})
        } else{
        }
    },
    xuans(i){
        this. current=i
        this. ddf='#29AC68'
        this. open=false
        if (i==0){
            this. division=! this. division
            //this. list1. forEach((item,index)=>{
            //    item. flag=false
            //})
            console. log(this. division)
```

```
                    this. page=1
                    this. type=[]
                    this. searchlist()
                } else{
                    this. type=[]
                    this. type. push(this. list1[i]. id)
                    this. division=false
                    //this. list1[i]. flag=!this. list1[i]. flag
                    this. page=1
                    //this. list1. forEach((item,index)=>{
                    //      if (item. flag==true){
                    //             this. type. push(item. id)
                    //      }
                    //})
                    this. searchlist()
                }
            this. $forceUpdate()
        },
        //详情
        nav(id){
            this. typeing="
            uni. navigateTo({
                url:'/pages2/Questiondetails/Questiondetails?id='+id
            })
        },
        //提问
        quiz(){
            //let locationEnabled="
            //uni. getSystemInfo({
            //      success:(res=>{
            //             locationEnabled=res. locationEnabled
            //      })
            //});
            //if(locationEnabled==false){
            //      uni. showToast({
            //             icon:'none',
            //             title:'请开启手机定位',
            //      })
            //      return
```

```
            //}
            this. leixing＝2
            if (this. leixing＝＝1){
                uni. navigateTo({
                    url:'/pages2/myanswer/myanswer'
                })
            } else{
                uni. navigateTo({
                    url:"/pages2/quiz/quiz?type＝"＋3
                })
            }
        }
    }
}
</script>
<style lang="scss">
    . ting{
        . ting-one{
            . ting-one-text{
                height:22rpx;
                font-size:22rpx;
                font-family:'PingFang SC';
                font-weight:bold;
                color:＃FFFFFF;
                line-height:22rpx;
            }
            height:112rpx;
            width:90rpx;
            border-bottom:1rpx solid＃fff;
            display:flex;
            flex-direction:column;
            justify-content:center;
            align-items:center;
        }
        width:110rpx;
        height:225rpx;
        display:flex;
        flex-direction:column;
        justify-content:center;
```

```
        align-items:center;
        background:rgba(41,172,104,0.9);
        box-shadow:0rpx 8rpx 21rpx 0px rgba(41,172,104,0.3);
        border-radius:10rpx;
        position:fixed;
        right:24rpx;
        bottom:225rpx;
    }
button{
        margin:0;
        padding:0;
        outline:none;
        border-radius:0;
        background-color:transparent;
        line-height:inherit;
    }
    button::after{
        border:none;
    }
.ling{
    .weizhi{
        margin-left:11rpx;
        font-size:26rpx;
        font-family:'PingFang SC';
        font-weight:400;
        color:#666666;
        line-height:26rpx;
        margin-right:40rpx;
    }
    height:84rpx;
    width:100%;
    display:flex;
    align-items:center;
    justify-content:flex-end;
}
.yui{
    width:645rpx;
    margin:0 auto;
    font-size:28rpx;
```

```
        font-family:'PingFang SC';
        font-weight:400;
        color:#444444;
        line-height:44rpx;
    }
.rtyone{
        width:645rpx;
        margin:0 auto;
        height:80rpx;
        display:flex;
        align-items:center;
        .rtyoneyyy{
            //width:125rpx;
            padding:0 15rpx;
            height:38rpx;
            background:#F2FFF8;
            display:flex;
            align-items:center;
            justify-content:center;
            border:1px solid#29AC68;
            border-radius:19rpx;
            font-size:24rpx;
            font-family:'PingFang SC';
            font-weight:400;
            color:#29AC68;
            line-height:38rpx;
            margin-left:15rpx;
        }
        .rtyoneing{
            height:30rpx;
            font-size:30rpx;
            font-family:'PingFang SC';
            font-weight:bold;
            color:#29AC68;
            line-height:30rpx;
        }
    }
.rty{
        width:694rpx;
```

```
        //height:226rpx;
        background:#F7F7F7;
        border-radius:8rpx;
        margin:0 auto;
    }
    .cvb{
        width:688rpx;
        font-size:30rpx;
        font-family:'PingFang SC';
        font-weight:400;
        color:#222222;
        line-height:48rpx;
        margin:30rpx auto;
    }
    .center{
        width:750rpx;
        background:#FFFFFF;
        margin-top:16rpx;
        .center-top-top{
            width:694rpx;
            height:88rpx;
            margin:0 auto;
            display:flex;
            align-items:center;
            justify-content:space-between;
            padding-top:28rpx;
            .center-top-top-right{
                display:flex;
                align-items:center;
                justify-content:flex-end;
                .num{
                    height:26rpx;
                    font-size:26rpx;
                    font-family:'PingFang SC';
                    font-weight:400;
                    color:#999999;
                    line-height:26rpx;
                }
            }
```

```
.center-top-top-left{
    display:flex;
    align-items:center;
    .lab{
        display:flex;
        flex-direction:column;
        justify-content:center;
        font-size:30rpx;
        font-family:'PingFang SC';
        font-weight:400;
        color:#222222;
        line-height:30rpx;
        margin-left:19rpx;
        .time{
            height:28rpx;
            font-size:28rpx;
            font-family:'PingFang SC';
            font-weight:400;
            color:#999999;
            margin-top:16rpx;
            line-height:28rpx;
        }
    }
}
}
.nono{
    width:100%;
    display:flex;
    align-items:center;
    justify-content:center;
    font-size:30rpx;
    font-family:'PingFang SC';
    font-weight:400;
    color:#666666;
    line-height:30rpx;
    margin-top:361rpx;
}
/*弹窗遮罩层*/
```

```
.dsds::before{
    content:"";
    cursor:default;
    z-index:11;
    background-color:rgba(0,0,0,0.6);
    //background-color:rgba(153,153,153,0.66);
    position:fixed;
    left:0;
    right:0;
    top:0;
    bottom:0;
}
.he{
    height:78rpx;
    width:100%;
    display:flex;
    align-items:center;
    justify-content:center;
    font-size:26rpx;
    font-family:'PingFang SC';
    font-weight:400;
    color:#E44343;
    line-height:78rpx;
}
.scroll-view{
    width:702rpx;
    margin:0 auto;
    display:flex;
    align-items:center;
    flex-wrap:wrap;
    justify-content:flex-start;
    /*左对齐*/
    .scroll-view-div{
        width:154rpx;
        border:1px solid#F7F7F7;
        height:60rpx;
        background-color:#F7F7F7;
        display:flex;
        margin-right:23rpx;
```

```
        align-items:center;
        font-size:32rpx;
        font-family:'PingFang SC';
        font-weight:400;
        margin-top:28rpx;
        justify-content:center;
        text-align:center;
        border-radius:30rpx;
        color:#222222;
        line-height:60rpx;
    }
    .scroll-view-div:nth-of-type(4n+0){
        margin-right:0;
    }
    .act{
        background:#FFFFFF;
        border:1px solid#29AC68;
        border-radius:30rpx;
        color:#29AC68;
    }
}
.u-popup{
    height:478rpx;
    width:100%;
    border-radius:0 0 20rpx 20rpx;
    background-color:#fff;
    position:fixed;
    top:185rpx;
    z-index:11111;
}
.lefts{
    font-weight:bold;
    font-size:28rpx;
    color:#29AC68;
    line-height:37rpx;
}
.vvvb{
    width:100rpx;
    position:relative;
```

```
            font-size:30rpx;
            color:#606266;
            display:flex;
            flex-direction:column;
            justify-content:center;
            align-items:center;
            margin-right:20rpx;
        }
        .right-tab{
            width:100rpx;
            height:60rpx;
            margin-top:10rpx;
            margin-right:-20rpx;
        }
        .tab{
            width:750rpx;
            margin:0 auto;
            margin-top:10rpx;
            position:relative;
            display:flex;
            align-items:center;
            justify-content:space-between;
            .simg{
                position:absolute;
                right:0rpx;
                width:92rpx;
                height:67rpx;
            }
        }
        .top{
            margin-top:10rpx;
            .right{
                .right-text{
                    height:22rpx;
                    margin-top:4rpx;
                    font-size:22rpx;
                    font-family:'PingFang SC';
                    font-weight:400;
                    color:#222222;
```

```
            line-height:22rpx;
        }
    display:flex;
    align-items:center;
    justify-content:center;
    flex-direction:column;
    margin-left:23rpx;
    .imgs{
        width:48rpx;
        height:48rpx;
            ;
    }
}
.input{
    width:592rpx;
    height:74rpx;
    background:#F7F7F7;
    border-radius:37rpx;
    display:flex;
    align-items:center;
    position:relative;
    .inputs{
        width:64%;
        height:100%;
        font-size:30rpx;
        font-family:'PingFang SC';
        font-weight:400;
        color:#333;
        line-height:74rpx;
    }
    .img{
        width:29rpx;
        height:29rpx;
        margin-left:32rpx;
        margin-right:16rpx;
    }
    .text{
        position:absolute;
        right:34rpx;
```

```
            top:20rpx;
            height:34rpx;
            font-size:34rpx;
            font-family:'PingFang SC';
            font-weight:bold;
            color:#29AC68;
            line-height:34rpx;
            margin-left:25rpx;
            z-index:111;
        }
    }
    width:750rpx;
    height:74rpx;
    display:flex;
    align-items:center;
    justify-content:center;
}
.mfkd{
    color:#29AC68;
    font-weight:bold;
}
.expertpeo{
    position:fixed;
    top:0rpx;
    height:185rpx;
    background:#FFFFFF;
    left:0rpx;
    z-index:111;
}
page{
    width:100%;
    height:100%;
    background:#F7F7F7;
}
</style>
```

4.专家

```
<template>
    <view class="">
        <view class="top">
```

```
        <view class="input">
            <image src="../../static/img/search.png"class="img"mode="">
</image>
            <input type="" placeholder="关键词/专家姓名搜索"class="inputs"
v-model="keyword">
            </view>
            <view class="text" @click="serch">
            搜索
            </view>
        </view>
        <view class=""style="height:123rpx;">
        </view>
        <view class="ge">
            <view class="ge-one"v-for="(item,index)in data":key="index"@click
="nav(item)">
                <view class="ge-ones">
                    <image:src="item.image"class="img"mode=""></image>
                    <view class="text">
                        {{item.name}}
                    </view>
                </view>
            </view>
        </view>
        <view class="container999">
            <view class=""style="height:120rpx;"></view>
            <tabBar:currentPage="currentPage"></tabBar>
        </view>
    </view>
</view>
</template>
<script>
    import tabBar from '@/components/components/tabBar1.vue';
    export default{
        components:{
            tabBar
        },
        data(){
            return{
                currentPage:'expert',
                data:[],
```

```
                keyword:""
            }
        },
    onShow(){
        this.category()
    },
    methods:{
        serch(){
            uni.navigateTo({
                url:"/pages2/expert/expertpeo?keyword="+this.keyword
            })
        },
        async category(){
            const res=await this.$myRequest({
                url:"Expert/category",
                method:'POST',
                withToken:true
            });
            console.log(res,"category")
            if (res.data.status===200){
                this.data=res.data.data
            } else if (res.data.status===201 || res.data.status===101){
                uni.showToast({
                    icon:'none',
                    title:res.data.message,
                })
            }else{
                uni.showToast({
                    icon:'none',
                    title:'获取失败',
                })
            }
        },
        nav(item){
            console.log(item)
            uni.navigateTo({
                url:"/pages2/expert/expertpeo?id="+item.id
            })
        }
```

```scss
          }
      }
</script>
<style lang="scss">
    .ge{
        width:97%;
        margin:0 auto;
        display:flex;
        align-items:center;
        flex-wrap:wrap;
        .ge-one{
            width:25%;
            display:flex;
            align-items:center;
            justify-content:center;
            margin-top:20rpx;
            .ge-ones{
                width:160rpx;
                height:151rpx;
                background:#FFFFFF;
                display:flex;
                align-items:center;
                justify-content:center;
                flex-direction:column;
                border-radius:12rpx;
                .img{
                    width:90rpx;
                    height:70rpx;
                    ;
                }
                .text{
                    height:28rpx;
                    font-size:28rpx;
                    font-family:'PingFang SC';
                    font-weight:400;
                    color:#222222;
                    line-height:28rpx;
                    margin-top:15rpx;
                }
```

```
            }
        }
    }
    .top{
        .text{
            height:34rpx;
            font-size:34rpx;
            font-family:'PingFang SC';
            font-weight:bold;
            color:#29AC68;
            line-height:34rpx;
            margin-left:25rpx;
        }
        .input{
            width:610rpx;
            height:74rpx;
            background:#F7F7F7;
            border-radius:37rpx;
            display:flex;
            align-items:center;
            .inputs{
                width:533rpx;
                height:100%;
                font-size:30rpx;
                font-family:'PingFang SC';
                font-weight:400;
                color:#333;
                line-height:74rpx;
            }
            .img{
                width:29rpx;
                height:29rpx;
                margin-left:32rpx;
                margin-right:16rpx;
            }
        }
        width:750rpx;
        height:123rpx;
        background:#FFFFFF;
```

```
        display:flex;
        align-items:center;
        justify-content:center;
        position:fixed;
        top:0rpx;
        left:0rpx;
    }
    page{
        width:100%;
        height:100%;
        background:#F7F7F7;
    }
</style>
```

5.学农技

```
<template>
    <view class="">
        <view class="my" :class="indexs==0?":'my_act'">
            <view class="" style="display:flex;align-items:center;justify-content:cen-
ter;margin-top:5rpx;">
                <view class="my-left" v-for="(item,index)in list1" :key="index" @
click="clink(index)">
                    <view class="name" :class="indexs==index?'active':"">{{item.
name}}</view>
                    <view :class="indexs==index?'activeline':"" class="line"></
view>
                </view>
            </view>

            <view class="top">
                <view class="input" :class="indexs==0?":'input_act'">
                    <image src="../../static/img/search.png" class="img" mode
=""></image>
                    <input type="text" v-model="keywords" placeholder="关键词搜
索" class="inputs">
                    <view class="text" @click="serch">
                        搜索
                    </view>
                </view>
                <button open-type="contact" class="right kf" v-if="indexs==0" sty>
```

```
                    <image src=". . /. . /static/img/artificial. png"class="imgs"mode=""
></image>
                    <view class="right-text">
                        用户反馈
                    </view>
                </button>
                <view class="right"v-else @click="allplay">
                    <image src=". . /. . /static/img/hf. png"class="imgs"mode="">
</image>
                    <view class="right-text">
                        回放
                    </view>
                </view>
            </view>
            <view class="lining"v-if="indexs==0"></view>
            <view class="btm"v-if="indexs==0">
                <view class="lable">
                    <view class=""style="display:flex;align-items:center;">
                        <view class="awrws"style="margin-left:24rpx;margin-top:
0;">
                            <view class="item"@click="cli":class="flag==true?'
act':'">
                                全部
                            </view>
                        </view>
                    </view>
                    <scroll-view:scroll-x="true"
class="scrollview-box":scroll-left="scrollLeft"
                        scroll-with-animation>
                        <view class="awrw"v-for="(item,index)in
list":key="index"@click="classs(index)">
                            <view
class="item":class="videofalg==index?'act':'">
                                {{item. name}}
                            </view>
                        </view>
                    </scroll-view>
                </view>
            </view>
            <image src=". . /. . /static/img/right. png"@click=" right"class="
```

```
simg"mode=""></image>
            </view>
        </view>
        <view class="pofed_fied":class="indexs==0?":'pofed_fied_act'"></view>
        <view class=""v-for="(item,index)in serchlist":key="index">
            <view class="div"
@click="videodetile(item. id,item. comment_count,item. open_num,index)"
                v-if="item. type==1">
                <view class="div-video">
                    <view class="text">
                        {{item. title}}
                    </view>
                    <view class="video">
                        <image:src="item. cover"style="border-radius:10rpx;"class
="img"mode=""></image>
                        <view class="dingwei">
                            <view class="lading">
                                <u-icon name="play-right-fill"color="♯FFFFFF"
size="28"></u-icon>
                                <view class="time">{{item. video_length}}</view>
                            </view>
                        </view>
                    </view>
                    <view class="height">
                        <view class=""v-if="item. is_open_comment==1">{{item.
comment_count}}评论</view>
                        <view class="namenum"v-if="item. is_open_comment==
1"></view>
                        <view class="">{{item. open_num}}观看</view>
                    </view>
                </view>
            </view>
            <view class="div"
@click="tuwen(item. id,item. comment_count,item. open_num,index)"v-if="item. type
==2">
                <view class="div-wen">
                    <view class="div-wen-left">
                        <view class="div-wen-left-text">
                            {{item. title}}
```

```
        </view>
        <view class="height">
            <view class=""v-if="item. is_open_comment==1">
{{item. comment_count}}评论</view>
                <view class="namenum"
v-if="item. is_open_comment==1"></view>
                <view class="">{{item. open_num}}观看</view>
            </view>

        </view>
        <view class="div-wen-right">
            <image:src="item. cover" style="width:100%;height:
100%;border-radius:10rpx;"mode="">
            </image>
        </view>
    </view>
</view>
<!--//弹窗-->
<view class="u-popup"v-if="open">
    <scroll-view scroll-y="true"style="height:400rpx;">
        <view class="scroll-view">
            <view class="scroll-view-div"v-for="(item,index)in list":key="
index"
                :class=" videofalg==index?'act':''" @click=" xuans
(index)">
                {{item. name}}
            </view>
        </view>
    </scroll-view>
    <view class="he"@click="opening">
        收起
        <image:src="open==
false?'../../static/img/top. png':'../../static/img/bottom. png'"
            style="width:16rpx;height:8rpx;margin-left:13rpx"mode="">
        </image>
    </view>
</view>
<view class="dsds"v-if="open"@click="opening"></view>
```

```
        <!--//无数据-->
        <view class="nono"v-if="listflag">
              <image src="../../static/img/no.png"mode=""style="width:86rpx;
height:92rpx;margin-right:18rpx"></image>
            没有搜索到内容,换个关键词试试
        </view>
        <view class="container999">
            <view class=""style="height:120rpx;"></view>
            <tabBar:currentPage="currentPage"></tabBar>
        </view>
    </view>
  </view>
</template>
<script>
    import tabBar from '@/components/components/tabBar1.vue';
    export default{
        components:{
            tabBar
        },
        data(){
            return{
                typeing:",
                scrollLeft:0,//横向滚动条位置
                open:false,
                indexs:0,
                currentPage:'video',
                //tab
                list1:[{
                    name:'农技资料',
                },{
                    name:'学农技',
                }],
                img:this.$imgbase,
                list:[],
                flag:true,
                keywords:"",
                serchlist:[],
                page:1,
                type:[],
                videofalg:-1,
```

```
            listflag:false,
            fanhuifalg:"",
            contentScrollW:0
        }
    },
    onShow(){
        console. log(this. fanhuifalg,"fanhuifalgfanhuifalgfanhuifalg")
        if (this. fanhuifalg==''){
            if (this. typeing==''){
                this. indexs=0
                this. category()
            }
        } else{
            this. indexs=1
            this. open=false
            this. serchlist=[]
            this. keywords='
            this. page=1
            this. study()
        }
    },
    onReachBottom(){
        if (this. indexs==0){
            this. loadMoreFunc();
        } else{
            this. loadMoreFuncs();
        }
    },
    methods:{
        right(){
            this. open=true
        },
        //获取分类
        async category(){
            const res=await this. $myRequest({
                url:"mooc/category",
                method:'POST',
                withToken:true
            });
```

```
console. log(res,"category")
if (res. data. status===200){
    this. list=res. data. data
    this. list. forEach((item,index)=>{
        item. flag=false
    })
    this. Mooc()
    this. $nextTick(function(){
        const query=uni. createSelectorQuery(). in(this);
        query. select('. scrollview-box'). boundingClientRect(data=>{
            //拿到 scroll-view 组件宽度
            this. contentScrollW=data. width
        }). exec();
        query. selectAll('. awrw'). boundingClientRect(data=>{
            let dataLen=data. length;
            console. log(dataLen,"dataLendataLendataLendataLen",
data)

            for (let i=0;i<dataLen;i++){
                // scroll-view 子元素组件距离左边栏的距离
                this. list[i]. left=data[i]. left;
                // scroll-view 子元素组件宽度
                this. list[i]. width=data[i]. width
            }
        }). exec()
    })
    console. log(this. list)
} else if (res. data. status===201 || res. data. status===101){
    uni. showToast({
        icon:'none',
        title:res. data. message,
    })
} else{
    uni. showToast({
        icon:'none',
        title:'获取失败',
    })
}
},
//弹窗关闭
```

```
opening(){
    this.open=false
    console.log(this.list,this.type)
},
//搜索
serch(){
    this.type=[]
    this.page=1
    this.open=false
    this.flag=true
    this.videofalg=-1
    if (this.indexs==0){
        this.Mooc()
    } else{
        this.study()
    }
},
//选择分类
xuans(i){
    //if (i==999999){
    //      this.flag=true
    //      this.list1.forEach((item,index)=>{
    //          item.flag=false
    //      })
    //      this.list.forEach((item,index)=>{
    //          item.flag=false
    //      })
    //      console.log(this.flag)
    //      this.page=1
    //      this.type=[]
    //      this.Mooc()
    this.scrollLeft=this.list[i].left-this.contentScrollW/2+this.list[i].
width/2-60;
    //} else{
    this.flag=false
    //this.list[i].flag=!this.list[i].flag
    this.videofalg=i
    this.type=[]
    this.open=false
```

```
        this. page=1
        this. type. push(this. list[i]. id)
        this. Mooc()
        //}
        this. $forceUpdate()
},
//获取数据
async Mooc(){
        this. serchlist=[]
        const res=await this. $myRequest({
                url: "Mooc/index",
                data: {
                        "keywords": this. keywords, //搜索内容
                        "type": this. type,
                        "page": this. page, //页码
                },
                method: 'POST',
                withToken: true
        });
        console. log(res, "Mooc")
        if (res. data. status===200){
                if (res. data. data. length>0){
                        this. listflag=false
                        this. serchlist=res. data. data
                        console. log(this. serchlist)
                } else{
                        this. listflag=true
                        uni. showToast({
                                icon: 'none',
                                title: '暂无数据',
                        })
                        this. serchlist=[]
                }
        } else{
                uni. showToast({
                        icon: 'none',
                        title: '获取失败',
                })
        }
```

```
        },
        //获取数据
        async study(){
            this.serchlist=[]
            const res=await this.$myRequest({
                url:"study/index",
                data:{
                    "keywords":this.keywords,//搜索内容
                    "type":this.type,
                    "page":this.page,//页码
                    is_playback:2
                },
                method:'POST',
                withToken:true
            });
            console.log(res,"study")
            if (res.data.status===200){
                if (res.data.data.data.length>0){
                    this.listflag=false
                    this.serchlist=res.data.data.data
                    console.log(this.serchlist)
                } else{
                    this.listflag=true
                    uni.showToast({
                        icon:'none',
                        title:'暂无数据',
                    })
                    this.serchlist=[]
                }
            } else{
                uni.showToast({
                    icon:'none',
                    title:'获取失败',
                })
            }
        },
        async loadMoreFunc(){//这个就是上拉加载
            this.page++;
            const res=await this.$myRequest({
```

```
            url:"Mooc/index",
            data:{
                "keywords":this.keywords,//搜索内容
                "type":this.type,
                "page":this.page,//页码
            },
            method:'POST',
            withToken:true
        });
    //console.log(res,"res");
    if (res.data.status==200){
        if (res.data.data.length>0){
            var newData=res.data.data
            var orderList=this.serchlist
            for (var i=0;i<newData.length;i++){
                orderList.push(newData[i])
            }
            this.serchlist=orderList;
            console.log(this.serchlist)
        } else{
            uni.showToast({
                title:'没有更多了',
                icon:'none',
                duration:1000
            });
        }
    } else{
        uni.showToast({
            title:'获取失败',
            icon:'none',
            duration:1000
        });
    }
},
async loadMoreFuncs(){//这个就是上拉加载
    this.page++;
    const res=await this.$myRequest({
        url:"study/index",
        data:{
```

```
            "keywords":this. keywords,//搜索内容
            "type":this. type,
            "page":this. page,//页码
            is_playback:2
        },
        method:'POST',
        withToken:true
    });
    //console. log(res,"res-study");
    if (res. data. status==200){
        if (res. data. data. length>0){
            var newData=res. data. data. data
            var orderList=this. serchlist
            for (var i=0;i<newData. length;i++){
                orderList. push(newData[i])
            }
            this. serchlist=orderList;
            console. log(this. serchlist)
        } else{
            uni. showToast({
                title:'没有更多了',
                icon:'none',
                duration:1000
            });
        }
    } else{
        uni. showToast({
            title:'获取失败',
            icon:'none',
            duration:1000
        });
    }
},
//图文详情
tuwen(id,comment_count,open_num,index){
    //学农技
    if (this. indexs==1){
        uni. navigateTo({
            url:'/pages2/allplayback/imagetext?id='+id+
```

```
"&comment_count="+comment_count+
                    "&open_num="+open_num+"&indexing="+index
            })
    } else{
        //资料
        uni. navigateTo({
            url:'/pages2/allplayback/DataImgText?id='+id+
"&comment_count="+comment_count+
                    "&open_num="+open_num+"&indexing="+index
            })
    }
},
//视频详情
videodetile(id,comment_count,open_num,index){
    //学农技
    if (this. indexs==1){
        uni. navigateTo({
            url:'/pages2/allplayback/videodetile?id='+id+
"&comment_count="+comment_count+
                    "&open_num="+open_num+"&indexing="+index
            })
    } else{
        //资料
        uni. navigateTo({
            url:'/pages2/allplayback/Datavideo?id='+id+
"&comment_count="+comment_count+
                    "&open_num="+open_num+"&indexing="+index
            })
    }
},
classs(i){
    this. videofalg=i
    //this. list[i]. flag=!this. list[i]. flag
    this. type=[]
    //this. list. forEach((item,index)=>{
    //    if (item. flag==true){
    //        this. type. push(item. id)
    //    }
    //})
```

```
                    this. scrollLeft＝this. list[i]. left-this. contentScrollW/2＋
this. list[i]. width/2-60；
                        this. type. push(this. list[i]. id)
                        if (this. type. length>0){
                            this. flag＝false
                        } else{
                            this. flag＝true
                        }
                        this. page＝1
                        this. Mooc()
                        console. log(this. type)
                        this. $forceUpdate()
                    },
                cli(){
                        this. videofalg＝-1
                        this. flag＝true
                        this. list. forEach((item,index)＝>{
                            item. flag＝false
                        })
                        this. type＝[]
                        this. page＝1
                        this. Mooc()
                        this. $forceUpdate()
                    },
                //全部回放
                allplay(){
                        uni. navigateTo({
                            url:'/pages2/allplayback/allplayback'
                        })
                    },
                clink(i){
                        this. fanhuifalg＝"
                        this. indexs＝i
                        this. open＝false
                        this. serchlist＝[]
                        this. keywords＝"
                        this. page＝1
                        if (i＝＝0){
                            this. Mooc()
```

```
            } else{
                this. study()
            }
        },
    }
}
</script>
<style lang="scss">
    /* 弹窗遮罩层 */
    . dsds::before{
        content:"";
        cursor:default;
        z-index:11;
        background-color:rgba(0,0,0,0.6);
        //background-color:rgba(153,153,153,0.66);
        position:fixed;
        left:0;
        right:0;
        top:0;
        bottom:0;
    }
    button{
            margin:0;
            padding:0;
            outline:none;
            border-radius:0;
            background-color:transparent;
            line-height:inherit;
        }
        button::after{
            border:none;
        }
    . nono{
        width:100%;
        display:flex;
        align-items:center;
        justify-content:center;
        font-size:30rpx;
        font-family:'PingFang SC';
```

```
        font-weight:400;
        color:#666666;
        line-height:30rpx;
        margin-top:361rpx;
    }
    .he{
        height:78rpx;
        width:100%;
        display:flex;
        align-items:center;
        justify-content:center;
        font-size:26rpx;
        font-family:'PingFang SC';
        font-weight:400;
        color:#E44343;
        line-height:78rpx;
    }
    .scroll-view{
        width:702rpx;
        margin:0 auto;
        display:flex;
        align-items:center;
        flex-wrap:wrap;
        justify-content:flex-start;
        /*左对齐*/
        .scroll-view-div{
            width:154rpx;
            border:1px solid#F7F7F7;
            height:60rpx;
            background-color:#F7F7F7;
            display:flex;
            margin-right:23rpx;
            align-items:center;
            font-size:32rpx;
            font-family:'PingFang SC';
            font-weight:400;
            margin-top:28rpx;
            justify-content:center;
            text-align:center;
```

```
            border-radius:30rpx;
            color:#222222;
            line-height:60rpx;
        }
        .scroll-view-div:nth-of-type(4n+0){
            margin-right:0;
        }
        .act{
            background:#FFFFFF;
            border:1px solid#29AC68;
            border-radius:30rpx;
            color:#29AC68;
        }
    }
    .u-popup{
        height:478rpx;
        width:100%;
        border-radius:0 0 20rpx 20rpx;
        background-color:#fff;
        position:fixed;
        top:263rpx;
        z-index:11111;
    }
    .div{
        width:750rpx;
        margin-top:16rpx;
        background:#FFFFFF;
        //文章
        .div-wen{
            width:701rpx;
            height:146rpx;
            display:flex;
            align-items:center;
            justify-content:space-between;
            margin:0 auto;
            padding-top:29rpx;
            padding-bottom:29rpx;
            .div-wen-right{
                width:232rpx;
```

```
        height:146rpx;
        border-radius:10rpx;
    }
.div-wen-left{
    display:flex;
    align-items:flex-start;
    justify-content:center;
    flex-direction:column;
    .div-wen-left-text{
        width:441rpx;
        height:86rpx;
        font-size:34rpx;
        font-family:'PingFang SC';
        font-weight:400;
        color:#222222;
        line-height:43rpx;
        overflow:hidden;
        text-overflow:ellipsis;
        display:-webkit-box;
        -webkit-box-orient:vertical;
        -webkit-line-clamp:2;//想要超出三行显示,把这里改成3就好了
    }
    .height{
        height:24rpx;
        width:441rpx;
        display:flex;
        align-items:center;
        justify-content:flex-start;
        margin-top:31rpx;
        font-size:24rpx;
        font-family:'PingFang SC';
        font-weight:400;
        color:#999999;
        line-height:24rpx;
        .namenum{
            width:1rpx;
            height:24rpx;
            margin:0 21rpx;
            background:#E6E6E6;
```

```
                }
            }
        }
    }
//视频
. div-video{
    width:701rpx;
    margin:0 auto;
    . height{
        height:72rpx;
        width:100%;
        display:flex;
        align-items:center;
        justify-content:flex-end;
        font-size:24rpx;
        font-family:'PingFang SC';
        font-weight:400;
        color:#999999;
        line-height:72rpx;
        . namenum{
            width:1rpx;
            height:24rpx;
            margin:0 21rpx;
            background:#E6E6E6;
        }
    }
    . video{
        width:701rpx;
        height:394rpx;
        position:relative;
        border-radius:10rpx;
        . dingwei{
            position:absolute;
            left:0rpx;
            top:0rpx;
            width:701rpx;
            height:100%;
            display:flex;
            align-items:center;
```

```
            justify-content:center;
            .lading{
                width:131rpx;
                height:119rpx;
                background:rgba(0,0,0,0.7);
                border-radius:12rpx;
                display:flex;
                align-items:center;
                justify-content:center;
                flex-direction:column;
                .time{
                    width:131rpx;
                    height:24rpx;
                    font-size:24rpx;
                    font-family:'PingFang SC';
                    font-weight:400;
                    color:#FFFFFF;
                    line-height:24rpx;
                    text-align:center;
                }
            }
        }
        .img{
            width:701rpx;
            height:100%;
        }
    }
    .text{
        width:701rpx;
        font-size:34rpx;
        font-family:'PingFang SC';
        font-weight:400;
        overflow:hidden;
        text-overflow:ellipsis;
        display:-webkit-box;
        -webkit-box-orient:vertical;
        -webkit-line-clamp:2;
        color:#222222;
        line-height:42rpx;
```

```
                padding-top:23rpx;
                margin-bottom:23rpx
            }
        }
    }
    .scrollview-box{
        white-space:nowrap;//滚动必须加的属性
        width:701rpx;
        height:94rpx;
        display:flex;
        align-items:center;
    }
    .awrw{
        height:54rpx;
        display:inline-block;
        /*必须要有*/
        margin-right:24rpx;
        margin-top:20rpx;
    }
    .awrws{
        height:54rpx;
        display:inline-block;
        /*必须要有*/
        margin-right:24rpx;
        margin-top:20rpx;
    }
    .awrw:last-child{
        margin-right:104rpx;
    }
    .item{
        height:54rpx;
        background:#F7F7F7;
        min-width:107rpx;
        padding:0 24rpx;
        display:flex;
        align-items:center;
        justify-content:center;
        border-radius:27rpx;
        border:1px solid#F7F7F7;
```

```
        font-size:30rpx;
        font-family:'PingFang SC';
        font-weight:400;
        color:#222222;
        line-height:54rpx;
    }
    .btm{
        width:750rpx;
        position:relative;
        height:94rpx;
        .simg{
            position:absolute;
            right:0rpx;
            top:17rpx;
            width:92rpx;
            height:67rpx;
        }
    }
    .lable{
        width:701rpx;
    }
    .lining{
        width:750rpx;
        height:1rpx;
        background:#F0F0F0;
        margin-top:20rpx;
    }
    .top{
        margin-top:15rpx;
        .right{
            .right-text{
                height:22rpx;
                margin-top:4rpx;
                font-size:22rpx;
                font-family:'PingFang SC';
                font-weight:400;
                color:#222222;
                line-height:22rpx;
            }
```

```
display:flex;
align-items:center;
justify-content:center;
flex-direction:column;
margin-left:23rpx;
.imgs{
    width:48rpx;
    height:48rpx;
    ;
}
}
.input{
    width:592rpx;
    height:74rpx;
    background:♯F7F7F7;
    border-radius:37rpx;
    display:flex;
    align-items:center;
    position:relative;
    .inputs{
        width:65%;
        height:100%;
        font-size:30rpx;
        font-family:'PingFang SC';
        font-weight:400;
        color:♯333;
        line-height:74rpx;
    }
    .img{
        width:29rpx;
        height:29rpx;
        margin-left:32rpx;
        margin-right:16rpx;
    }
    .text{
        position:absolute;
        right:0rpx;
        top:0rpx;
        height:74rpx;
```

```
                width:100rpx；
                font-size:34rpx；
                font-family:'PingFang SC'；
                font-weight:bold；
                color：#29AC68；
                line-height:74rpx；
                margin-left:25rpx；
                z-index:111；
            }
        }
        . input_act{
            width:634rpx；
        }
        width:750rpx；
        height:74rpx；
        display:flex；
        align-items:center；
        justify-content:center；
    }
    . line{
        width:40rpx；
        height:5rpx；
        background:#fff；
        border-radius:3rpx；
        margin-top:16rpx；
    }
    . act{
        background:#FFFFFF；
        border:1px solid#29AC68；
        color:#29AC68；
    }
    . name{
        font-size:32rpx；
        font-family:'PingFang SC'；
        font-weight:400；
        color:#666666；
        line-height:34rpx；
    }
    . my-left{
```

```
        width:160rpx;
        display:flex;
        align-items:center;
        justify-content:center;
        flex-direction:column;
    }
    .my{
        width:750rpx;
        height:263rpx;
        position:fixed;
        top:0rpx;
        left:0rpx;
        z-index:1111;
        background:#FFFFFF;
    }
    .activeline{
        background-color:#29AC68;
    }
    .active{
        font-size:34rpx;
        font-family:'PingFang SC';
        font-weight:bold;
        color:#29AC68;
    }
    page{
        width:100%;
        height:100%;
        background:#F7F7F7;
    }
    .pofed_fied{
        height:263rpx;
    }
    .pofed_fied_act{
        height:169rpx;
    }
    .my_act{
        height:169rpx;
    }
</style>
```

3.3.4 管理端功能开发

本部分对"舜耕科技—键帮"小程序管理端进行开发说明，包括功能模块、功能点、相关接口功能描述等。

3.3.4.1 代码结构

小程序管理端开发目录如图 3.11 所示。

app：服务器代码，包括小程序、后台代码。

view：网页前端 HTML 代码。

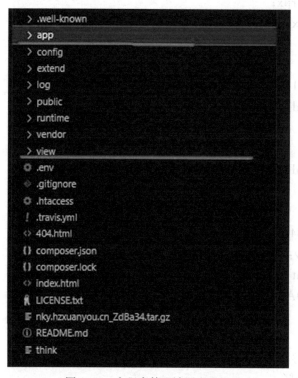

图 3.11　小程序管理端开发目录

3.3.4.2 功能原型及接口示例

本节内容以管理端【问题管理】页面功能开发为示例，详细介绍页面原型图设计、功能开发目录及示例代码等情况，管理端其他子系统（用户管理、专家领域、农技资料、学农技、新闻、问答短信记录及电话统计）功能开发均与此节内容相似。

（1）问题管理页面原型图

问题管理页面原型图如图 3.12 所示，管理端界面输入账号、密码登录之后，默认展示【问题管理】页面，该页面是"舜耕科技—键帮"服务平台管理后台的主要功能。

（2）问题管理页面开发目录

问题管理页面开发目录如图 3.13 所示，系统由【admin. php】入口文件，进入【admin】后台应用层，采用【mvc模式】访问【quiz. quiz】二级目录控制器的【index】方法及参数分页参数。

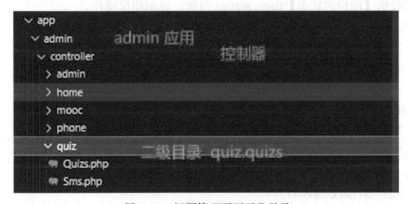

图 3.12　问题管理页面原型图

图 3.13　问题管理页面开发目录

(3)【列表】示例代码

首先将给出页面上用于查询的数据渲染到 HTML 页面，然后在 HTML 页面使用 Ajax 再次请求接口获得 JSON 格式分页列表数据，然后利用 UI 组件 Layui.table 进行渲染。其他列表页基本采用上述模式。

```
public function index(){
    if (Request::isAjax()){
        return $this->getJson(M::getList());
    }
    $user=HomeUser::field("id,name")->where(["role"=>1])->order("id
            desc")->select();
    $expert=HomeUser::field("id,name")->where(["role"=>2])->order("id
            desc")->select();
```

```
      $this->assign("user",$user);
      $this->assign("expert",$expert);
 $types=HomeType::field("id value,name")->select()->each(function($v){
         $v["selected"]=false;
      })->toArray();
      $this->assign("types",json_encode($types,JSON_UNESCAPED_UNICODE));
      return $this->fetch();
   }
```

（4）接口功能开发

包括列表、取消拉黑/拉黑、状态、驳回、回复、查看、删除等。

①列表。接口：GET quiz. Quizs ＜html | json＞index（）

传递查询条件［ID，提问者用户 ID，问题类型 ID 等］

其结果为 HTML 网页或 JSON 列表分页数据。

②取消拉黑/拉黑。接口：POST home. User＜json＞status（$id）

③状态。接口：public function status（$id）

｛return $this->getJson(S::goStatus(Request::post('status'),$id))｝

由列表数据【用户的状态】user. status 判断，显示相反操作。

④驳回。由列表数据【问题状态】status==待处理，判断显示操作。

接口：GET quiz. Quizs<html|json>reject（）

```
public function reject()
  {
   $post=$this->request->param();
   $rule=["quiz_id"=>'require'];
   $msg=["quiz_id. require"=>"参数错误"];
   $validate=facade\Validate::rule($rule)->message($msg);
   if(!$validate->check($post)){
                return $this->getJson(["code"=>201,"msg"=>
         $validate->getError()]);
          }
             try{
   M::update(["status"=>20],["id"=>$post["quiz_id"]]);
             }
     catch (\Exception $e){
             return $this->getJson(["code"=>201,"msg"=>'操作失败'.
       $e->getMessage()]);
             }
                   return
   $this->getJson(["code"=>200,"msg"=>'操作成功']);
   }
```

⑤回复。先 GET 请求接口，回复页面如图 3.14 所示，页面展示问题数据，包括提问内容、回复内容、上传图片等，有提交及重置操作功能，再进行 POST 请求提交接口。

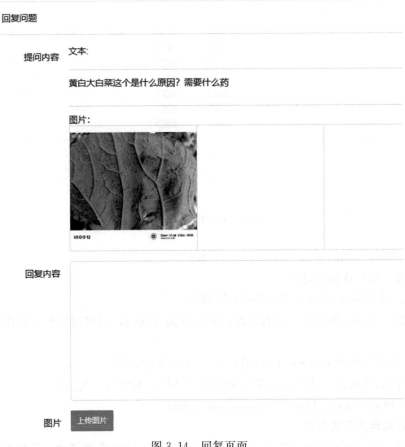

图 3.14 回复页面

由 layui. layer 打开弹窗。

接口：GET quiz. Quizs<html|json>reply($quiz_id="")

⑥查看。先 GET 请求接口，展示问题数据，包括提问文本内容、提问图片内容等，再进行 POST 请求提交接口。本部分没有其他操作交互功能。

接口：GET quiz. Quizs<html>read($quiz_id="")

⑦删除。提示"确定要删除该问题"，选择确定或取消。

接口：GET quiz. Quizs<json>remove($id)

3.3.4.3 用户管理

（1）群众用户管理页面

群众用户管理页面原型如图 3.15 所示，页面主要包括筛选模块、用户列表两部分，除信息展示内容外，还包括用户状态开关、用户昵称展示开关、用户信息详情展示、编辑、删除及用户禁言功能。

①列表。包括 ID、昵称、性别、手机号、用户状态、昵称开关、用户来源、创建时间、更新时间等，可以进行查看、编辑、删除及禁言操作。

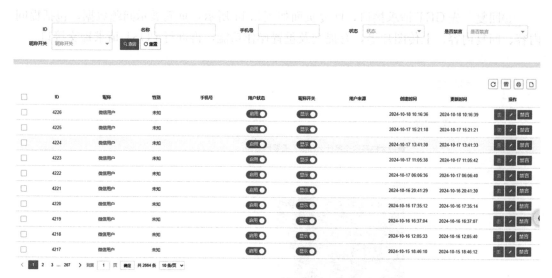

图 3.15　群众用户管理页面原型

接口：GET home. User<html|json>index

②详情。用户详情信息。

接口：GET home. User<html>detail($id)

③编辑。包括上传图片、状态修改、昵称开关等接口，可修改昵称、头像、性别及开关状态等。

接口：GET|POST home. User<html|json>edit($id,$l=1)

④禁言/取消禁言。针对有违规行为的用户进行限制留言、提问等。

接口：POST home. User<json>statusLy($id)

(2) 专家用户管理页面

专家用户管理页面原型如图 3.16 所示，页面主要包括筛选模块、专家列表两部分，除信息展示内容外，还包括专家排序、专家新增、专家信息详情展示、编辑、删除及用户禁言功能。

①列表。包括 ID、名字、头像、职称、单位、擅长分类、性别、手机号、点赞、服务数等。点击序号可修改该行记录序号，根据序号进行自动排序。

接口：GET home. User<html|json>expert()

②详情。可查看详情，不限于列表显示的办公电话、专业特长描述。

接口：GET home. User<html>detail($id)

③编辑。可修改名字、擅长分类、单位、头像、登录密码、点赞数据、联系方式等。

接口：GET|POST home. User<html|json>edit($id,$l=1)

④删除。

接口：GET home. User<json>remove($id)

(3) 小程序码管理

小程序码管理页面原型如图 3.17 所示，后台生成不同外界平台的专属二维码，用户扫码进入微信小程序，统计不同平台流入用户量。功能包括 ID、第三方名字、太阳二维

图 3.16 专家用户管理页面原型

码、二维码、创建时间、操作（删除）。

接口：GET home. ewm/index<json>index()

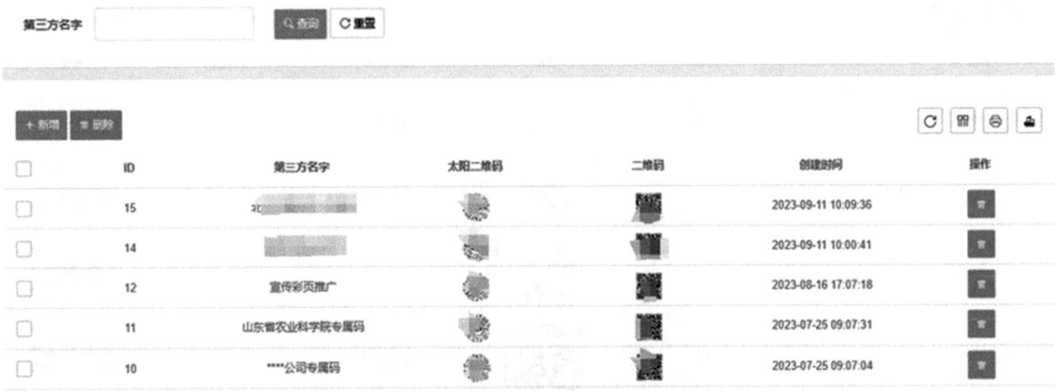

图 3.17 小程序码管理页面原型

（4）刷屏黑名单管理

功能包括列表查询、删除。对用户频繁留言情况进行限制。

（5）日志管理

日志管理页面原型如图 3.18 所示，用于记录用户或专家的操作信息，包括 ID、用户、角色、消息、创建时间等。

接口：GET/home. records/index<json>idnex()

3.3.4.4 专家领域

（1）专家领域管理页面

专家领域管理页面原型如图 3.19 所示，包括筛选、列表两个模块，在列表点击排序字段，按照排序值升序或降序，点击排序值可以快速修改排序值。目前，平台包含 48 个专家领域信息。

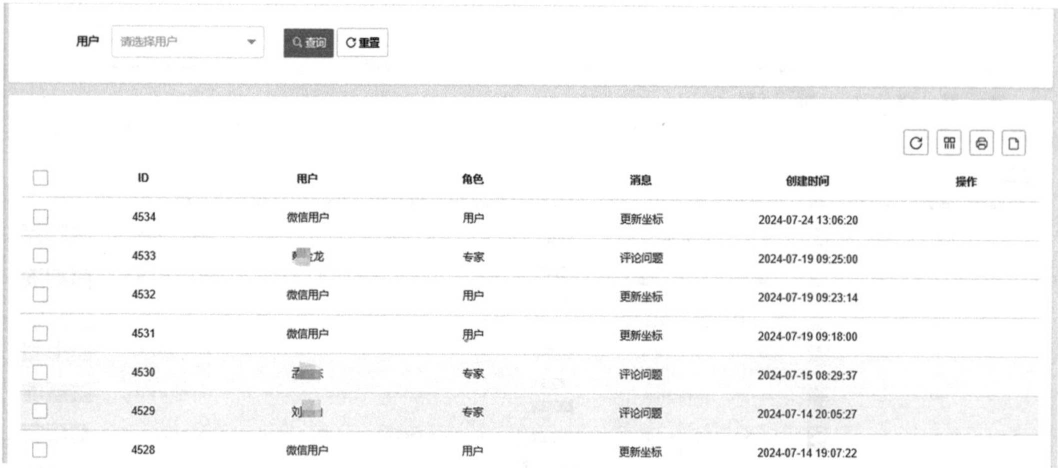

图 3.18　日志管理页面原型

图 3.19　专家领域管理页面原型

（2）功能接口汇总

①列表。包括 ID、分类名、图标是否显示、创建时间、操作等，是否显示可以直接修改，排序字段可以修改，点击左下角排序按钮进行保存。

接口：GET home. Type<html|json>index()

②新增。

接口：GET|POST home. Type<html|json>add()

③编辑。

接口：GET|POST home. Type<html|json>edit($id)

④详情。

专家领域分类详情与管理页面如图 3.20 所示。

接口：GET home. Type<html>detail($id)

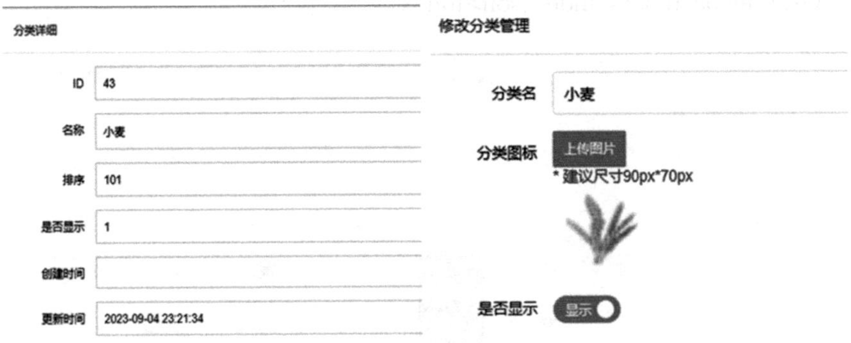

图 3.20 专家领域分类详情与管理页面

⑤删除。

接口：GET home. Type<json>remove($id)

⑥排序。

接口：POST home. Type<json>order($id)

3.3.4.5 农技资料

农技资料包括 3 个功能模块：分类、课程及评论。

(1) 分类页面

农技资料分类管理页面如图 3.21 所示，包括筛选、列表功能，可以实现条件检索，农技资料内容分类标签管理及显示控制。

接口：GET mooc. Types/index<json>index()

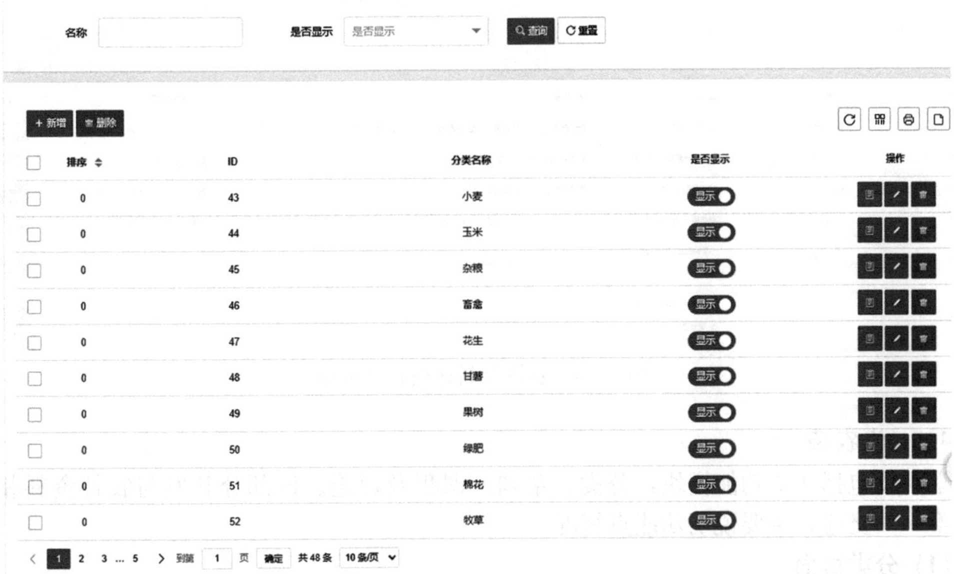

图 3.21 农技资料分类管理页面

（2）课程页面

农技资料课程管理页面如图 3.22 所示，列表可按序号排序，点击列表排序列可修改序号。

接口：GET mooc. moocs/inde<json>index

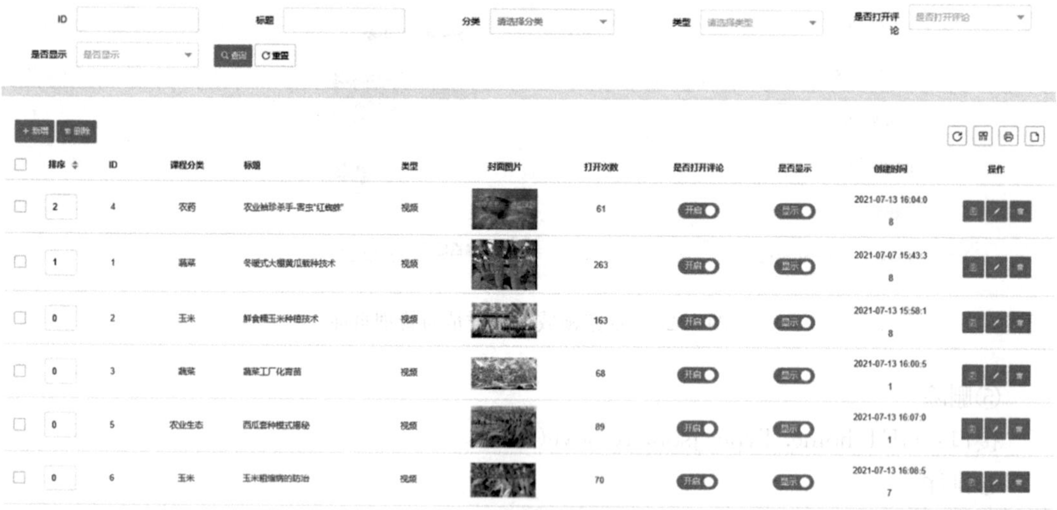

图 3.22　农技资料课程管理页面

（3）评论页面

农技资料评论管理页面如图 3.23 所示，列表可按序号排序，点击列表排序列可修改序号。

接口：GET mooc. comments/index<json>index()

图 3.23　农技资料评论管理页面

3.3.4.6　学农技

学农技包括 4 个功能模块：分类、系列、课程及评论。该部分开发与农技资料相似，接口不一一赘述，主要说明功能点情况。

（1）分类页面

学农技分类管理页面如图 3.24 所示，功能有列表查询、编辑、显示、删除。原型包括筛选、列表，其中筛选包括 ID、名称，列表包括 ID、名称、排序、是否显示、创建时间、操作。可以通过点击表头实现排序，点击操作实现编辑、显示、删除。

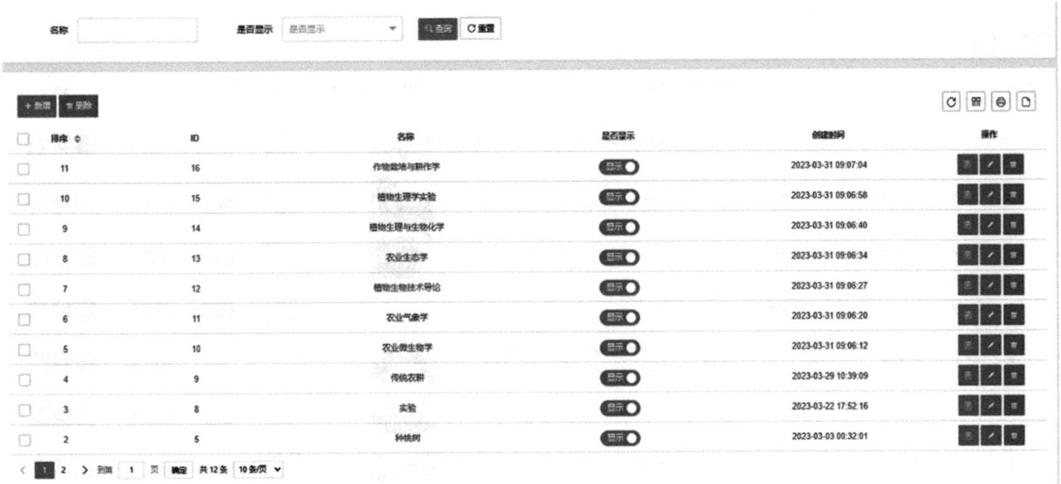

图 3.24　学农技分类管理页面

（2）系列页面

学农技系列管理页面如图 3.25 所示，功能有列表查询、编辑、显示、删除。原型包括筛选、列表，其中筛选包括 ID、名称，列表包括 ID、课程分类、标题、类型、是否显示、创建时间、操作。可以通过点击表头实现排序，点击操作实现编辑、显示、删除。

图 3.25　学农技系列管理页面

（3）课程页面

学农技课程管理页面如图 3.26 所示，功能有列表查询、编辑、显示、删除。原型包括筛选、列表，其中筛选包括 ID、名称，列表包括 ID、系列、排序、是否显示、开放时间、操作等。可以通过点击表头实现排序，点击操作实现编辑、显示、删除。

（4）评论页面

学农技评论管理页面如图 3.27 所示，功能有列表查询、编辑、显示、删除。原型包括筛选、列表，其中筛选包括 ID、用户、评论内容，列表包括 ID、用户、课程、评论内容、创建时间、操作。可以通过点击表头实现排序，点击操作实现编辑、显示、删除。

图 3.26　学农技课程管理页面

图 3.27　学农技评论管理页面

3.3.4.7　轮播图与新闻列表

（1）轮播图

轮播图如图 3.28 所示，主要对平台前端首页的图片进行管理，包括排序、ID、图片上传/修改、显示开关及创建时间等。

（2）新闻列表

新闻列表如图 3.29 所示，包括列表查询、编辑、显示开关、删除，页面展示效果参考"农技资料"。

接口：GET home. slide/index<json>index( )

3.3.4.8　问答短信记录

问答短信记录如图 3.30 所示，用于记录系统向专家发送短信的情况，主要包括用户、

图 3.28　轮播图

图 3.29　新闻列表

专家、发送内容、发送状态、创建时间等信息。

接口：GET quiz. sms/index<json>index()

	ID	用户	专家	发送内容	是否发送	创建时间	操作
	8540	微信用户	王宗帅	鲁西南略带沙土地，什么时候种小麦，还用浇地吗	成功	2024-10-06 09:12:52	
	8539	微信用户	李升东	鲁西南略带沙土地，什么时候种小麦，还用浇地吗	成功	2024-10-06 09:12:52	
	8538	微信用户	冯波	鲁西南略带沙土地，什么时候种小麦，还用浇地吗	成功	2024-10-06 09:12:52	
	8537	微信用户	张宾	鲁西南略带沙土地，什么时候种小麦，还用浇地吗	成功	2024-10-06 09:12:52	
	8536	微信用户	王法宏	鲁西南略带沙土地，什么时候种小麦，还用浇地吗	成功	2024-10-06 09:12:52	
	8535	微信用户	崔荣宗	急急急，各位专家，你们，这种生物有机肥能否作为大蒜底肥，我家作为底肥，每亩地使用了4袋（160kg），是否会造成大蒜烧苗（因听说浇灌使用过程中有有烧苗现象，特来咨询），请各位专家、同仁予以研判，挽救我不必要损失，在此表示诚挚感谢	成功	2024-10-05 19:20:02	

图 3.30　问答短信记录

3.3.4.9　电话统计

电话统计页面如图 3.31 所示，用于记录用户通过系统向专家拨打的情况，主要包括专家、分类、电话、用户、创建时间等信息。

接口：GET phone. statistics/index<json>index( )

	ID	专家	分类	电话	用户	创建时间	操作
☐	975	郭爱娣	农药	███29	光明圆迪	2024-10-09 19:38:25	
☐	974	刘军	农药	1███	光明圆迪	2024-10-09 18:59:12	
☐	973	刘铁山	玉米	1███69	如此简单	2024-10-09 09:26:23	
☐	972	刘铁山	玉米	18███0	如此简单	2024-10-09 09:25:31	
☐	971	李杰文	玉米	███8	如此简单	2024-10-09 09:25:10	

图 3.31　电话统计

3.3.4.10　管理端代码示例

```php
<?php
declare(strict_types=1);
namespace app\admin\controller\home;
use app\common\model\HomeType;
use think\facade\Request;
use app\common\service\HomeUser as S;
use app\common\model\HomeUser as M;
use app\common\model\Settings;
use think\facade\Db;
class User extends  \app\admin\controller\Base
{
    protected $middleware=['AdminCheck','AdminPermission'];
    //列表
    public function index()
    {
        if (Request::isAjax()){
            return $this->getJson(M::getList(1));
        }
        return $this->fetch();
    }
    //用户导出
    public function user_export()
```

```
{
    $where=[];
    $setting=Settings::where(["id"=>1])->find();
    $param=input("param.");
    $data=[];
    //print_r($param);die;
    if (isset($param["id"])&&$param["id"]){
        $where[]=["id","=",$param["id"]];
    }
    if (isset($param["nickname"])&&$param["nickname"]){
        $where[]=["name","like","%".$param["nickname"]."%"];
    }
    if (isset($param["mobile"])&&$param["mobile"]){
        $where[]=["mobile","like","%".$param["mobile"]."%"];
    }
    //选中 id
    if (isset($param["ids"])&&  $param["ids"]){
        $where[]=["id","in",$param["ids"]];
    }
    $list=M::where(["role"=>1])->where($where)->order("id
desc")->select();
    foreach ($list as $k=>$v){
        $data[$k][]=$v["id"];
        if (($setting !=null && $setting->user_name==0
&& !empty($v['name'])) || $v["name_switch"]==0){
            $v['name']=mb_substr($v['name'],0,1)."*****";
        }
        $data[$k][]=$v["name"];
        $data[$k][]=$v["gender"];
        $data[$k][]=$v["mobile"];
        $data[$k][]=$v->status_name;
        $data[$k][]=$v->switch_name;
        $data[$k][]=$v["created_at"];
        $data[$k][]=$v["updated_at"];
    }
    //print_r($data);die;
    return $this->getJson(['msg'=>'获取成功','code'=>0,'data'=>$data]);
}
//专家导出
```

```php
public function expert_export()
{
    $where=[];
    $whereOr=[];
    $param=input("param.");
    //print_r($param);die;
    if (isset($param["id"])&&$param["id"]){
        $where[]=["id","=",$param["id"]];
    }
    if (isset($param["type_id"])&&$param["type_id"]){
        foreach ($param["type_id"] as $v){
            $whereOr[]=[["","exp",Db::raw("FIND_IN_SET(".$v.",
types)")]];
        }
    }
    if (isset($param["name"])&&$param["name"]){
        $where[]=["name","like","%".$param["name"]."%"];
    }
    if (isset($param["title"])&&$param["title"]){
        $where[]=["title","like","%".$param["title"]."%"];
    }
    if (isset($param["gender"])){
        $where[]=["gender","=",$param["gender"]];
    }
    if (isset($param["mobile"])&&$param["mobile"]){
        $where[]=["mobile","like","%".$param["mobile"]."%"];
    }
    $list=M::where(["role"=>2])
        ->where($where)
        ->where(function ($query)use ($whereOr){
            if (!empty($whereOr)){
                $query->whereOr($whereOr);
            }
        })->order("id desc")->select();
    $data=[];
    foreach ($list as $k=>$v){
        $data[$k][]=$v["id"];
        $data[$k][]=$v["name"];
        //$data[$k][]=$v["avatar"];
```

```
            $data[$k][]=$v["title"];
            $data[$k][]=$v["unit"];
            $data[$k][]=$v["types"];
            $data[$k][]=$v["mobile"];
            $data[$k][]=$v["gender"];
            $data[$k][]=$v["likes"];
            $data[$k][]=$v["give"];
            $data[$k][]=$v["created_at"];
            $data[$k][]=$v["updated_at"];
        }
        //print_r($data);die;
        return $this->getJson(['msg'=>'获取成功','code'=>0,'data'=>$data]);
    }
    //黑名单列表
    public function blacklist()
    {
        if (Request::isAjax()){
            return $this->getJson(M::getBlacklist());
        }
        return $this->fetch();
    }
    //列表
    public function expert()
    {
        if (Request::isAjax()){
            return $this->getJson(M::getList(2));
        }
        $types=HomeType::field("id value,name")->select()->each(function ($v){
            $v["selected"]=false;
        })->toArray();
        $this->assign("types",json_encode($types,
JSON_UNESCAPED_UNICODE));
        return $this->fetch();
    }
    //添加
    public function add()
    {
        if (Request::isAjax()){
            return $this->getJson(S::goAdd(Request::post()));
```

```
        }
        $user_list=M::field("id,name")->where(["role"=>1])->order("id desc")->
select();
        $this->assign("user_list",$user_list);
        $types=HomeType::field("id value,name")->select()->each(function ($v){
            $v["selected"]=false;
        })->toArray();
        $this->assign("types",json_encode($types,
JSON_UNESCAPED_UNICODE));
        return $this->fetch();
    }
    //编辑
    public function edit($id,$l=1)
    {
        $model=M::find($id);
        if (Request::isAjax()){
            return $this->getJson(S::goEdit(Request::post(),$id,$model->role));
        }
        $user_list=M::field("id,name")->where(["role"=>1])->order("id
desc")->select();
        $this->assign("user_list",$user_list);
        $type=[];
        if ($model !=null && is_string($model->getData('types')) &&
$model->getData('types')){
            $type=explode(",",$model->getData('types'));
        }
        $types=HomeType::field("id value,name")->select()->each(function ($v)use
($type){
            if (in_array($v->value,$type)){
                $v["selected"]=true;
            } else{
                $v["selected"]=false;
            }
        })->toArray();
        $this->assign("types",json_encode($types,
JSON_UNESCAPED_UNICODE));
        $m='';
        if ($l==2){
            $m='user_edit';
```

```
        }
        return $this->fetch($m,['model'=>$model]);
    }
    //详情
    public function detail($id)
    {
        return $this->fetch('',['model'=>M::find($id)]);
    }
    //状态
    public function status($id)
    {
        return $this->getJson(S::goStatus(Request::post('status'),$id));
    }
    //状态
    public function name_switch($id)
    {
        return        $this->getJson(S::goNameSwitch(Request::post('name_switch'),
$id));
    }
    //问答黑名单
    public function statusLy($id)
    {
        return $this->getJson(S::goStatusLy(Request::post('status_ly'),$id));
    }
    //删除
    public function remove($id)
    {
        return $this->getJson(S::goRemove($id));
    }
    //批量删除
    public function batchRemove()
    {
        return $this->getJson(S::goBatchRemove(Request::post('ids')));
    }
    //回收站
    public function recycle()
    {
        if (Request::isAjax()){
            return $this->getJson(S::goRecycle());
```

```
            }
            return $this->fetch();
        }
        public function editSort()
        {
            $data=Request::post('data');
            $id=Request::post('id');
            return $this->getJson(S::goSort($data,$id));
        }
    }
<?php
/*
 * @Author:炫佑科技
 * @Date:2023-01-28 10:34:29
 * @LastEditTime:2023-03-28 11:43:23
 * @LastEditors:小轩 32****018@qq.com
 * @Description:
 * @FilePath:/nky.hzxuanyou.cn/app/admin/controller/home/Type.php
 * 炫佑科技-www.sdxuanyou.com
 */
declare(strict_types=1);
namespace app\admin\controller\home;
use think\facade\Request;
use app\common\service\HomeType as S;
use app\common\model\HomeType as M;

class Type extends  \app\admin\controller\Base
{
    protected $middleware=['AdminCheck','AdminPermission'];
    //列表
    public function index()
    {
        if (Request::isAjax()){
            return $this->getJson(M::getList());
        }
        return $this->fetch();
    }
    //分类导出
    public function types_export()
```

```
{
    $where=[];
    $param=$this->request->param();
    //按查找
    if ($name=input("name")){
        $where[]=["name","like","%".$name."%"];
    }
    //选中 id
    if (isset($param["ids"])&&  $param["ids"]){
        $where[]=["id","in",$param["ids"]];
    }
    $list=M::where($where)->order("id desc")->select();
    $data=[];
    foreach ($list as $k=>$v){
        $data[$k][]=$v["id"];
        $data[$k][]=$v["sort"];
        $data[$k][]=$v["name"];
        $data[$k][]=$v["image"];
        $data[$k][]=$v->is_show_name;
        $data[$k][]=$v["created_at"];
    }
    //print_r($data);die;
    return $this->getJson(['msg'=>'获取成功','code'=>0,'data'=>$data]);
}
//添加
public function add()
{
    if (Request::isAjax()){
        return $this->getJson(S::goAdd(Request::post()));
    }
    return $this->fetch();
}
//编辑
public function edit($id)
{
    if (Request::isAjax()){
        return $this->getJson(S::goEdit(Request::post(),$id));
    }
    return $this->fetch('',['model'=>M::find($id)]);
```

```
    }
    //详情
    public function detail($id)
    {
        return $this->fetch('',['model'=>M::find($id)]);
    }
    //状态
    public function status($id)
    {
        return $this->getJson(S::goStatus(Request::post('is_show'),$id));
    }
    //排序
    public function order()
    {
        $post=$this->request->post("sort");
        foreach ($post as $v){
            M::update($v);
        }
        return rjson(0);
    }
    //删除
    public function remove($id)
    {
        return $this->getJson(S::goRemove($id));
    }
    //批量删除
    public function batchRemove()
    {
        return $this->getJson(S::goBatchRemove(Request::post('ids')));
    }
    //回收站
    public function recycle()
    {
        if (Request::isAjax()){
            return $this->getJson(S::goRecycle());
        }
        return $this->fetch();
    }
}
```

```php
<?php
declare (strict_types=1);
namespace app\admin\controller\home;
use think\facade\Request;
use app\common\service\HomeSlide as S;
use app\common\model\HomeSlide as M;
class Slide extends  \app\admin\controller\Base
{
    protected $middleware=['AdminCheck','AdminPermission'];
    //列表
    public function index(){
        if (Request::isAjax()){
            return $this->getJson(M::getList());
        }
        return $this->fetch();
    }

    //添加
    public function add(){
        if (Request::isAjax()){
            return $this->getJson(S::goAdd(Request::post()));
        }
        return $this->fetch();
    }

    //编辑
    public function edit($id){
        if (Request::isAjax()){
            return $this->getJson(S::goEdit(Request::post(),$id));
        }
        return $this->fetch('',['model'=>M::find($id)]);
    }

    //排序
    public function order()
    {
        $post=$this->request->post("sort");
        foreach ($post as $v){
            M::update($v);
        }
        return rjson(0);
    }
```

```
//状态
public function status($id){
    return $this->getJson(S::goStatus(Request::post('is_show'),$id));
}
//删除
public function remove($id){
    return $this->getJson(S::goRemove($id));
}
//批量删除
public function batchRemove(){
    return $this->getJson(S::goBatchRemove(Request::post('ids')));
}
//回收站
public function recycle(){
    if (Request::isAjax()){
        return $this->getJson(S::goRecycle());
    }
    return $this->fetch();
}
}
<?php
/*
 * @Author:小轩 32****018@qq.com
 * @Date:2023-03-29 15:34:59
 * @LastEditors:小轩 32****018@qq.com
 * @LastEditTime:2023-03-29 15:43:13
 * @FilePath:/nky.hzxuanyou.cn/app/admin/controller/home/Records.php
 * @Description:这是默认设置,请设置'customMade',打开 koroFileHeader 查看配置 进行
设置:
https://github.com/OBKoro1/koro1FileHeader/wiki/%E9%85%8D%E7%BD%AE
 */
declare(strict_types=1);
namespace app\admin\controller\home;
use think\facade\Request;
use app\common\service\HomeRecords as S;
use app\common\model\HomeRecords as M;
use app\common\model\HomeUser;
class Records extends  \app\admin\controller\Base
{
```

```php
protected $middleware=['AdminCheck','AdminPermission'];
//列表
public function index()
{
    if (Request::isAjax()){
        return $this->getJson(M::getList());
    }
    $user=HomeUser::field("id,name")->where(["role"=>1])->order("id
desc")->select();
    $this->assign("user",$user);
    return $this->fetch();
}
public function record_export()
{
    $where=[];
    $param=$this->request->param();

    if (isset($param["user_id"])&&  $param["user_id"]){
        $where[]=["user_id","=",$param["user_id"]];
    }
    //选中id
    if (isset($param["ids"])&&  $param["ids"]){
        $where[]=["id","in",$param["ids"]];
    }
    $list=M::with("user")->where($where)->order("id desc")->select()->each
(function ($v){
        $v->user_role=$v->user !=null ?[1=>"用户",2=>"专家"][$v->user->
role]:"";
    });
    foreach ($list as $k=>$v){
        $data[$k][]=$v["id"];
        $data[$k][]=$v->user !=null?$v["user"]["name"]:"";
        $data[$k][]=$v->user_role;
        $data[$k][]=$v["message"];
        $data[$k][]=$v["created_at"];
    }
    return $this->getJson(['msg'=>'获取成功','code'=>0,'data'=>$data]);
}
//添加
```

```php
    public function add()
    {
        if (Request::isAjax()){
            return $this->getJson(S::goAdd(Request::post()));
        }
        return $this->fetch();
    }
    //编辑
    public function edit($id)
    {
        if (Request::isAjax()){
            return $this->getJson(S::goEdit(Request::post(),$id));
        }
        return $this->fetch(",['model'=>M::find($id)]);
    }
    //状态
    public function status($id)
    {
        return $this->getJson(S::goStatus(Request::post('status'),$id));
    }
    //删除
    public function remove($id)
    {
        return $this->getJson(S::goRemove($id));
    }
    //批量删除
    public function batchRemove()
    {
        return $this->getJson(S::goBatchRemove(Request::post('ids')));
    }
    //回收站
    public function recycle()
    {
        if (Request::isAjax()){
            return $this->getJson(S::goRecycle());
        }
        return $this->fetch();
    }
}
```

```php
<?php
/*
* @Author:炫佑科技
* @Date:2023-02-18 09:37:52
* @LastEditTime:2023-03-28 11:40:51
* @LastEditors:小轩 32****018@qq.com
* @Description:
* @FilePath:/nky.hzxuanyou.cn/app/admin/controller/home/News.php
* 炫佑科技-www.sdxuanyou.com
*/
declare(strict_types=1);
namespace app\admin\controller\home;
use think\facade\Request;
use app\common\service\HomeNews as S;
use app\common\model\HomeNews as M;
use app\common\model\AdminAdmin as Admin;
class News extends  \app\admin\controller\Base
{
    protected $middleware=['AdminCheck','AdminPermission'];
    //列表
    public function index()
    {
        if (Request::isAjax()){
            return $this->getJson(M::getList());
        }
        return $this->fetch();
    }
    //新闻导出
    public function news_export()
    {
        $where=[];
        $param=$this->request->param();
        //按标题查找
        if ($title=input("title")){
            $where[]=["title","like","%".$title."%"];
        }
        //选中id
        if (isset($param["ids"])&&  $param["ids"]){
            $where[]=["id","in",$param["ids"]];
```

```
        }
        $list=M::where($where)->order("id desc")->select();
        $data=[];
        foreach ($list as $k=>$v){
            $data[$k][]=$v["id"];
            $data[$k][]=$v["title"];
            //$data[$k][]=substr($v["publish_time"],0,10);
            $data[$k][]=$v["publish_time"];
            $data[$k][]=$v["read"]+$v["read_vm"];
            $data[$k][]=$v->is_top_name;
            $data[$k][]=$v->is_show_name;
        }
        //print_r($data);die;
        return $this->getJson(['msg'=>'获取成功','code'=>0,'data'=>$data]);
    }
    //添加
    public function add()
    {
        if (Request::isAjax()){
            return $this->getJson(S::goAdd(Request::post()));
        }
        $AdminNickname=Admin::where('id',
session('admin.id'))->value('nickname');
        $this->assign('Nickname',$AdminNickname);
        return $this->fetch();
    }
    //编辑
    public function edit($id)
    {
        if (Request::isAjax()){
            return $this->getJson(S::goEdit(Request::post(),$id));
        }
        $AdminNickname=Admin::where('id',
session('admin.id'))->value('nickname');
        $this->assign('Nickname',$AdminNickname);
        return $this->fetch('',['model'=>M::find($id)]);
    }
    //详情
    public function detail($id)
```

```php
    {
        return $this->fetch('',['model'=>M::find($id)]);
    }
    //状态
    public function status($id)
    {
        return $this->getJson(S::goStatus(Request::post('is_show'),$id));
    }
    //是否推荐
    public function is_top($id)
    {
        return $this->getJson(S::goIsTop(Request::post('is_top'),$id));
    }
    //删除
    public function remove($id)
    {
        return $this->getJson(S::goRemove($id));
    }
    //批量删除
    public function batchRemove()
    {
        return $this->getJson(S::goBatchRemove(Request::post('ids')));
    }
    //回收站
    public function recycle()
    {
        if (Request::isAjax()){
            return $this->getJson(S::goRecycle());
        }
        return $this->fetch();
    }
}
<?php
declare (strict_types=1);
namespace app\admin\controller\home;
use think\facade\Request;
use app\common\service\HomeEwm as S;
use app\common\model\HomeEwm as M;
class Ewm extends  \app\admin\controller\Base
```

```
{
    protected $middleware=['AdminCheck','AdminPermission'];
    //列表
    public function index(){
        if (Request::isAjax()){
            return $this->getJson(M::getList());
        }
        return $this->fetch();
    }
    //添加
    public function add(){
        if (Request::isAjax()){
            return $this->getJson(S::goAdd(Request::post()));
        }
        return $this->fetch();
    }
    //编辑
    public function edit($id){
        if (Request::isAjax()){
            return $this->getJson(S::goEdit(Request::post(),$id));
        }
        return $this->fetch('',['model'=>M::find($id)]);
    }
    //状态
    public function status($id){
        return $this->getJson(S::goStatus(Request::post('status'),$id));
    }
    //删除
    public function remove($id){
        return $this->getJson(S::goRemove($id));
    }
    //批量删除
    public function batchRemove(){
        return $this->getJson(S::goBatchRemove(Request::post('ids')));
    }
    //回收站
    public function recycle(){
        if (Request::isAjax()){
            return $this->getJson(S::goRecycle());
```

```
        }
        return $this->fetch();
    }
}
```

3.4　平台测试和优化

在服务平台的开发过程中，测试和优化是确保平台质量和性能的重要环节。通过全面的测试和持续的优化，平台可以满足用户需求，提供稳定、高效的服务。

3.4.1　功能测试

功能测试的目的是验证平台的各项功能是否按照需求文档正常运行，确保平台功能的完整性和正确性。具体测试包括以下内容。

3.4.1.1　用户提问和专家回答流程的测试

（1）用户提问流程的测试

用户提问流程的测试包括用户如何在平台上提交问题的各个环节。首先，测试验证了用户是否能够顺利进入提问页面，填写问题描述，并提交相关的作物图片或数据。测试过程中还需确保用户能够清晰地选择问题的类别，以便问题能够被正确分类并优先处理。此外，验证提问过程中是否有必要的提示和帮助信息，以引导用户提供足够的细节来获得准确的回答。

（2）专家回答流程的测试

专家回答流程的测试包括专家如何接收、查看和回应用户问题。测试确保专家能够在平台上及时接收到用户提问的通知，并能够访问所有相关信息（如提问内容、附件、历史记录等）。专家的回答应能够在指定的时间内提交，并且测试验证回答内容是否正确无误、具备可操作性。此外，还需确认专家能够对提问进行补充说明、要求用户提供更多信息或进行进一步讨论。

3.4.1.2　咨询记录保存和查询功能的测试

（1）咨询记录保存功能的测试

咨询记录保存功能的测试需确保每一次用户提问和专家回答都能被系统自动保存，并且数据的保存过程稳定可靠。测试检查记录是否能够完整保存所有相关信息，包括问题内容、回答内容以及全部附件或图片。还需确认系统是否能够处理并存储大量的咨询记录，确保在高峰期仍能稳定运行。

（2）查询功能的测试

查询功能的测试需验证用户和专家是否能够通过平台的搜索和筛选功能方便地查找历史咨询记录。测试检查查询条件的多样性，如关键词搜索、问题类别等，确保能够准确地返回相关记录。还需确保查询结果的展示清晰且易于理解，包括问题的状态、回答的完整性。查询功能的测试也需要确保在大量记录内容的情况下仍能保持快速响应。

3.4.1.3　用户和专家之间交互和消息通知功能的测试

（1）交互功能的测试

交互功能的测试需验证用户和专家之间的沟通是否顺畅。测试检查用户是否能够对专家的回答进行评论、反馈或提出进一步问题。同时，也需确认专家是否能够回复用户的评论或问题，并且所有的互动信息能够及时更新到相关记录中。此外，测试还需检查用户和专家是否能够通过平台进行私信或讨论，确保交流的实时性和准确性。

（2）消息通知功能的测试

消息通知功能的测试需确保平台能够及时、准确地发送通知提醒用户和专家。测试包括验证用户在提问被回答、专家收到新问题、评论被回复等情况下是否能收到通知。测试还需检查通知的内容是否准确、明确，并且是否能够通过邮件、短信或平台内部通知等多种方式送达。此外，测试还需确保用户能够自定义通知设置，以选择自己希望接收的通知类型和频率。

通过这些功能的全面测试，能够确保"舜耕科技一键帮"服务平台在用户提问和专家回答、咨询记录管理以及用户和专家互动方面的各项功能都能够顺利、稳定地运行，从而提升平台的用户体验和服务质量。

3.4.2 性能测试

性能测试的目的是评估平台在高并发、海量数据情况下的表现，确保平台能够在各种使用场景下保持稳定和高效。具体测试包括以下内容。

3.4.2.1 压力测试

模拟极端用户负载条件，以评估平台在高并发情况下的响应速度和稳定性。该测试帮助确定平台的最大承载能力，并发现潜在的系统瓶颈。通过专业的压力测试工具，模拟大量用户同时发起请求，如数千个到数万个的并发访问，模拟真实世界中的高峰负载场景。重点关注平台在这些极端负载情况下的表现。监测在高负载情况下 CPU 的使用情况，以识别是否存在计算资源的瓶颈。记录平台在压力测试期间的内存占用情况，分析是否存在内存泄漏或过度使用的情况。检查网络带宽的使用情况，观察是否存在因网络流量过大导致的数据传输瓶颈。测量系统在高并发条件下的响应时间，确保系统能够在高负载情况下维持合理的用户响应速度。对测试结果进行深入分析，识别系统性能的薄弱环节，并制定改进措施，以优化系统的处理能力和稳定性。

3.4.2.2 负载测试

在不同负载条件下评估平台的性能表现，帮助发现系统在正常状态和超负荷状态下的性能瓶颈与临界点。通过逐步增加用户请求或数据处理量，设置不同的负载级别，观察系统在不同负载条件下的响应和处理能力。负载测试可以从低负载开始，逐渐增加到预期的最大负载。分析数据库的查询、改进查询语句、添加索引、优化数据结构等功能，以提高数据访问速度和处理效率。评估和优化缓存策略，确保热点数据的快速访问，减少数据库的直接负载。检验负载均衡的设置，确保请求能够在多个服务器之间均匀分配，以避免单点过载。通过测试找出系统在不同负载情况下的性能瓶颈，进行针对性的优化，以提升平台的并发处理能力和整体性能。

3.4.2.3 稳定性测试

验证平台在长时间运行下的可靠性，确保平台能够在持续的实际使用中保持稳定和高效，防止长时间运行带来的性能衰退或系统故障。进行长期的持续测试，如连续运行数天或数周，模拟平台在实际操作中的长期负荷。记录系统在长时间运行中的状态变化。记录和分析系统运行中的所有异常和错误，包括崩溃日志、错误报告等，以识别潜在的稳定性问题。监控长时间运行期间的资源使用情况，检查是否存在内存泄漏、资源耗尽等问题。分析系统在长时间运行中的表现，发现和修复潜在的稳定性问题，确保系统在长期使用中仍能保持高可用性和可靠性。

通过全面的性能测试，"舜耕科技一键帮"服务平台确保在高并发和海量数据的环境中依然能够稳定运行，为用户提供持续可靠的服务。这些测试不仅帮助发现和解决潜在的问题，还可以为平台的优化和升级提供宝贵的数据支持。

3.4.3　优化

根据测试结果对平台进行持续改进，特别是平台代码、数据库等方面的优化，以提升平台的性能、稳定性和用户体验。具体包括以下优化措施。

3.4.3.1　代码优化

对业务逻辑和算法进行优化，旨在提升代码执行效率，这是提高平台整体性能的关键步骤。首先，通过分析和改进核心算法，减少时间复杂度和空间复杂度，从而加快数据处理速度。其次，对业务流程进行梳理，消除冗余和重复的计算，确保每个操作都高效执行。此外，清理冗余代码也是优化的重要环节，通过移除不再使用的函数和变量，减少代码体积，从而减少对系统资源的占用。这不仅可以减少不必要的资源消耗，还能提高系统的稳定性和可维护性。通过这些措施，平台可以在高并发和海量数据的情况下依然保持高效运行，提供流畅的用户体验。本平台使用了以下几种常见的代码优化技术手段，有效提高了代码的执行效率和性能。

(1) 理清问答逻辑业务线，充分减少计算量

使用合适的数据结构：选择合适的数据结构对于提高代码的效率至关重要。例如，对于历史用户问答和专家研究领域等需要频繁进行搜索和插入操作的场景，使用平衡二叉树或哈希表可以提高代码的执行效率。

避免重复计算：在代码中避免重复计算相同的结果可以减少不必要的计算量。将计算结果保存在变量中，避免重复调用相同的函数或方法。

懒加载和惰性求值：在需要时再进行计算，而不是提前计算所有可能会用到的结果。尤其对于耗时的操作，懒加载和惰性求值可以大大提高程序的执行效率。

(2) 优化分析业务逻辑，优化循环和条件语句

减少代码循环次数：通过分析代码逻辑减少循环次数是提高代码效率的有效方式。可以使用更高效的算法或数据结构来替代传统的循环操作。

避免在循环中做重复的操作：有些操作可能在循环内部重复执行，但实际上其结果在循环内是不会发生变化的，可以将这些操作移出循环，减少重复计算，提高执行效率。

使用短路运算符：在条件语句中，使用短路运算符可以提高代码的执行效率。例如，如果一个条件中包含多个判断条件，可以根据条件的逻辑关系使用短路运算符，避免不必要的判断。

(3) 内存管理和资源释放

及时释放资源：对于占用大量内存或需要手动释放的资源，要及时进行释放，避免内存泄漏和资源浪费，提高程序的可用性和稳定性。

使用合理的缓存策略：适当使用缓存可以提高程序的响应速度，但是要注意合理管理缓存，避免占用过多内存或引发缓存脏读。

（4）针对"学农技"直播课程场景，优化并发与异步编程

多线程与并发编程：对于大规模计算密集型任务，可以考虑使用多线程或并发编程来充分利用多核处理器的优势，但要注意线程安全和资源争夺的问题，避免出现死锁和竞态条件。

异步编程：对于 IO 密集型任务，可以使用异步编程模型来提高程序的并发性和响应速度。通过将阻塞的 IO 操作变为非阻塞的异步操作，充分利用系统资源，提高程序的吞吐量。

3.4.3.2 数据库优化

设计和创建适合业务需求的数据库索引，提高查询效率。定期重建和维护索引，防止索引碎片化，保持索引的高效性。定期进行索引优化操作，如重建或重组索引，以保持查询性能。同时，可以将数据库拆分为多个数据库实例，以分散单个数据库的负担，提升大数据量情况下的性能。例如，将大表拆分为多个小表，减少单表的大小，提升查询效率。可以根据数据的时间范围、数据量或业务逻辑进行分表，以提高数据库性能和管理便利性。常见的数据库优化方案有以下几个。

（1）索引优化

包括选择合适的列进行索引、避免过度索引、定期重新构建和维护索引等。

选择适当的索引：选择哪些列创建索引是至关重要的，通常应该选择经常用于查询的列创建索引，如 WHERE 子句中经常出现的列，或经常用于连接的列。对于大表，应该优先考虑那些用于过滤数据的列，以减小结果集的大小。

选择区分度高的列作为索引：尽量选择区分度高的列作为索引，尽量建立唯一索引，区分度越高，使用索引的效率越高。例如，专家姓名、研究领域、联系方式等都是高区分度的列，而性别、年龄、研究领域等则是低区分度的列，为低区分度的列建立索引有害无利。

避免过度索引：定期审查和清理不再需要的索引，过度索引会增加数据库写入操作的开销，因为每次插入、更新或删除数据时都需要更新相关的索引。

不要在索引列上运算：在列上进行运算或使用函数会使索引失效，从而进行全表扫描。例如：

全表扫描

select* from keylist where year(end time)<2024

走索引

select* from keylist where end time'2024-01-01'

全表扫描

select* from keylist where idd＋1＝8

走索引

select* from keylist where idd＝9

使用覆盖索引：覆盖索引是一种只包含索引列的索引，通常用于加速特定查询。当一个查询只需要索引列中的数据时，数据库可以直接使用索引，而不必读取实际数据行。

索引不包含有 null 的值：设计多列复合索引时一定要注意，所有列必须不能为 null，因为含有 null 的列是无效的，不会被加入索引。

前缀索引：只索引列值的一部分，而不是整个列值。这对于大文本或大字符串列特别有用，可以减小索引的大小。前缀索引可以减小存储开销和提高查询性能，但也要注意查询条件的准确性。

使用 explain 优化索引：使用 explain 查看执行计划，从而知道 MySQL 是如何处理 SQL 语句的，分析查询语句或者表结构的性能瓶颈。

(2) 查询优化

编写高效的 SQL 查询对于数据库优化非常重要。例如：避免使用 select*，尽量只写需要查询的列，不要直接 select*，避免浪费资源；用 union all 代替 union，SQL 语句使用 union 关键字后，可以获取排重后的数据；小表驱动大表，即用小表的数据集驱动大表的数据集；使用合适的连接方式（INNER JOIN、LEFT JOIN 等），以减小数据集的大小；多用 limit；将复杂的查询拆分为多个简单的查询。

(3) 表设计优化

合理地进行表设计，规范数据库以减小数据冗余，但也要避免过度规范化，适当的数据类型和字段长度可以减小数据存储开销。常见的表设计优化，包含以下几种情况。

规范化和反规范化：规范化是将表分解成更小的表，以减小数据冗余，提高数据一致性。反规范化是将表合并以提高查询性能，在设计表时，需要权衡规范化和反规范化，根据具体求选择适当的范式。

适当的数据类型和字段长度：使用适当的数据类型和字段长度，以减小数据存储的开销。例如，使用 INT 而不是 BIGINT 来存储小范围的整数，选择适当的字符集和排序规则以支持多语言数据。

主键和外键：使用主键来唯一标识每个记录，主键字段应该是非空的、唯一的，通常是自增的。使用外键来建立表之间的关联，外键关系可以确保数据的引用完整性。确保外键字段与主键字段的数据类型和长度匹配。

3.4.3.3　缓存机制

采用高性能的缓存技术，如 Redis 和 Memcached，实施分布式缓存架构，以确保缓存系统的高可用性和扩展性。将频繁访问的数据缓存到内存中，可以显著减少对数据库的直接访问，提升系统的响应速度。为确保缓存的有效性，需设置合理的缓存策略，如适当的缓存失效时间和更新机制，以优化数据访问速度和系统性能。

此外，配置缓存预热机制，在系统启动时或高流量期间预加载缓存数据，能够减少冷启动时对系统性能的影响。定期监控缓存命中率和整体性能，及时调整缓存策略，以优化缓存效果并适应系统负载的变化。这些措施有助于提高系统的整体效率和用户体验。

3.4.3.4　前端优化

通过优化前端代码，压缩和合并 JavaScript、CSS 文件，减少页面的加载时间，使用工具（如 Webpack、Gulp）对代码进行压缩和打包。采用异步加载技术，延迟加载非关键资源，减少首屏加载时间，将不必要的 JavaScript 和 CSS 文件设置为异步加载，以提升页面加载速度。使用内容分发网络技术加速静态资源的分发，减少服务器响应时间和网络延迟，将静态资源如图片、视频和 JavaScript 文件托管在 CDN 节点上，提升用户的访问速度。同时，选择合适的 CDN 服务商，确保 CDN 节点覆盖主要用户区域，优化缓存策略，减少网络延迟和加载时间。

3.4.3.5　服务器配置优化

通过负载均衡技术，将用户请求均匀分配到多个服务器上，避免单个服务器过载，提升系统的并发处理能力。使用 Nginx、HAProxy 等负载均衡器，配置合理的负载均衡算法，监控负载均衡器的性能，分析负载分配效果，及时调整负载均衡策略以优化系统性能。

根据应用的负载特性配置合适的服务器规格，确保系统在高负载情况下的稳定运行。通过云平台的自动扩展功能，根据流量变化自动增加或减少服务器实例。

3.4.3.6　用户体验优化

通过用户调查、A/B 测试等方式，了解用户在使用过程中遇到的问题，并据此进行界面和交互的优化。优化表单输入方式、减少不必要的步骤、提供明确的操作提示，以此来提高用户的操作效率。进行用户体验测试，识别用户在使用平台过程中的痛点。通过观察用户操作、记录用户行为数据，发现用户在使用过程中的困难和需求。设置用户反馈通道，如在线客服、反馈表单等，收集用户在使用过程中遇到的问题和建议，快速响应并进行改进。

通过这些优化措施，可以显著提升农业服务平台的性能和用户体验，确保平台在高并发和海量数据情况下的稳定性与高效性，为用户提供更流畅、更可靠的服务。

3.5　小结

本章概述了"舜耕科技一键帮"服务平台的设计与实现过程，包括标准规范编制、数据加工与组织、系统研发 3 个核心环节。标准规范的制定确保了系统的一致性和兼容性，为开发和维护提供了明确指导。数据加工与组织阶段有效处理和管理了大量的农业数据，通过数据分析提供了精准建议，提升了农业生产效率。系统研发涵盖了平台整体架构设计、平台功能开发以及平台测试与优化等内容，确保了平台的高效性、稳定性，优化了用户体验。平台从理论到实践的全面实现，为用户提供了一个高效可靠的服务工具。

第四章

平台建设成果

4.1 社会影响

"舜耕科技一键帮"服务平台的建设和应用，在山东省农业科技服务方面，产生了较大的社会影响，主要体现在以下几个方面。

(1) 促进农业知识普及

通过平台，农民和农业从业者可以便捷地获取最新的农业知识、技术和管理方法，从而提高他们的生产技能和效率。平台上的专家问答可以帮助农民解决在农业生产中遇到的具体问题，促进农业技术的实际应用。

(2) 推动农业科技发展

平台为农业科研人员和农业从业者提供了一个交流互动的场所，有助于激发新的农业科技创新。通过专家之间的知识共享和合作，可以加速农业科技成果的转化和推广，提升整个农业行业的科技水平。

(3) 提升农业生产效率

农民通过平台获取科学的种植、养殖和管理建议，可以优化资源配置，减少生产中的浪费和损失。农业生产效率的提升有助于增加农产品的产量和质量，从而满足社会对农产品的需求。

(4) 助力农村经济发展

农业专家科技问答服务平台可以促进农业生产的现代化和规模化，带动农村经济的发展。通过提高农产品的市场竞争力，有助于增加农民的收入，改善农村的生活条件。

(5) 保障粮食安全

农业生产效率的提升和产量的增加有助于保障国家的粮食安全。平台上的专家可以为农民提供关于合理种植、防治病虫害等方面的建议，从而提高农产品的质量和产量。

(6) 促进农业可持续发展

通过平台推广环保、节能的农业生产方式，有助于实现农业的可持续发展。专家可以为农民提供合理利用资源、减少环境污染等方面的建议，促进农业与环境的和谐共生。

(7) 缩小城乡差距

平台的普及和应用可以缩小城乡之间的信息差距和技术差距，使农民更好地融入现代社会。通过提高农民的科技素养和生产技能，缩小城乡之间的经济差距和社会差距。

4.2　数据成果

"舜耕科技一键帮"服务平台在数据管理方面取得了显著成果。平台成功整合了山东省农业科学院近700位高层次专家的丰富信息资源，覆盖小麦、棉花、玉米等近50个农业领域的专业知识。自平台上线以来，专家已经对450多条用户提问进行了回复处理，可为后续用户提供不同知识领域的学习资料，这些数据经过清洗、标准化和组织，形成了结构化的农业数据集，包括了专家回复、留言信息以及各类专家的专业背景、研究方向和咨询服务领域。

通过高效的数据管理和整合，平台为农业从业者提供了全面而精准的技术支持和咨询服务。用户可以方便地查询和获取所需的农业知识和专家建议，从而在生产过程中作出科学合理的决策。

此外，平台的数据库通过不断更新和扩展，确保信息的实时性和准确性。专家们的最新研究成果和农业技术进展也会及时纳入数据集，使得用户能够获得最新、最有效的解决方案。

这种数据驱动的服务模式，不仅提升了平台的服务质量，也增强了农业从业者的信心和能力。在精准农业、智慧农业的发展浪潮中，"舜耕科技一键帮"服务平台的卓越数据管理能力为推进农业现代化和农业可持续发展提供了坚实的基础。

从软件开发具体过程中来看，从初期需求、设计、开发、测试到用户反馈的过程中产生了大量数据资源，通过对这些数据的采集与分析，可以不断改进软件质量、提升开发效率，更好地满足市场和用户的需求。主要数据资源包括以下几个方面。

（1）软件开发活动数据

软件开发活动数据涵盖了从代码提交、功能需求讨论到开发者在集成开发环境中执行的操作步骤。这些数据被广泛应用于软件开发过程中的决策制定，如比较不同软件开发方法的效率、估算开发者的生产力以及预测软件的质量。

（2）问题追踪数据

问题追踪数据记录了在软件开发过程中出现的各种缺陷及新功能需求的处理过程。每个问题都包含特定的信息，如发现问题的人员、分配给谁的、当前状态等，能够反映代码的质量和项目的活跃程度。

（3）版本控制数据

版本控制数据描述了代码库的每一次变更历史，包括修改的时间、提交者、修改原因等。这些数据不仅记录了当前的代码状态，也为分析项目的历史及其发展提供了价值。

（4）软件需求说明书和设计文档

软件需求说明书和设计文档详细记录了项目的功能需求、设计架构和技术实现。这些文档为软件的开发和后续维护提供了重要参考，也帮助团队在不同阶段保持理念一致、顺畅沟通。

（5）测试数据

测试数据包括测试计划、测试用例、测试结果和缺陷报告等，这些数据是检验软件功能和性能的依据。测试数据能够帮助开发者识别问题并改进软件质量，确保满足用户需求；同时，通过分析测试结果可以进行更合理的决策和优化。

（6）用户反馈和使用数据

软件投放市场后，用户的反馈和使用数据也是重要的成果。这些数据通常源自用户对软件的实际使用情况，能够反映软件的实际表现和用户需求，为后续版本开发或者产品迭代提供依据。

（7）项目总结和评估报告

最终的项目总结和评估报告包含了项目实施的成果，包括实时监测的数据分析能力、技术实施效果、用户培训情况等。此类报告为后续项目的实施和管理提供了经验借鉴。

4.3　软件成果

在软件方面，"舜耕科技一键帮"平台成功开发了相关核心功能，主要包括以下 4 个方面。

（1）找专家

"舜耕科技一键帮"平台提供了一个便捷的在线咨询系统，使农民能够直接向相关领域的专家提问，获取专业的意见和建议。用户可以根据具体的需求，选择不同领域的专家，如作物栽培、病虫害防治、土壤改良、农业政策、种子采购等，提出问题并获得及时、专业的解答。这个系统不仅简化了农民和专家之间的沟通流程，还大大提升了咨询效率。

（2）实时消息推送和通知功能

系统能够确保用户和专家之间的高效沟通。一旦用户提出问题，系统会立即通知相关专家，并在专家回复后，及时通知用户。这种实时互动机制，不仅保证了咨询的及时性和有效性，还提高了用户的满意度。用户可以在平台上查看历史咨询记录，跟踪问题的解决进度，并根据专家的建议采取相应的措施。这样，农业从业者能够更快地获得所需的专业知识和指导，解决生产过程中遇到的问题，提高农业生产的效率和产品质量。

（3）前端系统

"舜耕科技一键帮"平台的前端系统设计以用户体验为中心，界面友好且操作直观。用户能直接在移动端实现一键访问、操作平台功能。前端设计方面根据 UI/UX 设计原则，确保界面的美观性和实用性。直观的导航、简洁的布局、清晰的图标和信息提示，使用户能够迅速找到所需功能，提升操作效率。移动端的支持则使用户可以随时随地访问平台，无论是在田间地头还是在室内，都能方便地使用平台提供的各项服务。

（4）后端系统

后端系统是平台的核心，负责实现高效的数据处理和业务逻辑，保障系统的稳定性和性能。平台的后端系统采用了先进的技术架构和数据库管理方案，能够处理大规模的农业数据，支持高并发的访问请求。数据处理模块能够快速响应用户的查询需求，进行复杂的数据计算和分析，并将结果实时反馈给用户。此外，后端系统还集成了多层次的安全机制，包括数据加密、身份验证、权限管理和日志监控，确保用户数据的安全性和平台的可靠性。后端系统的设计和实现，不仅保证了平台在高负载情况下的稳定运行，还为未来的功能扩展和性能优化提供了良好的基础。通过持续的系统监控和性能优化，平台能够不断提升服务质量，满足不断变化的用户需求，成为农业从业者不可或缺的专业工具。

4.4 文档成果

软件开发的文档成果涵盖多个方面，主要可以分为以下几类。

（1）可行性分析报告

该报告说明了项目在技术、经济和社会层面的可行性，是做出开发决策的重要依据。

（2）项目开发计划

项目开发计划制定具体的实施计划，包括工作负责人、开发进度、预算及资源需求等。

（3）软件需求说明书

软件需求说明书描述软件的功能、性能、用户界面及运行环境等内容，是开发工作的基础，同时也是需求分析阶段的重要文档。

（4）设计文档

设计文档包含概要设计说明书和详细设计说明书，前者概述系统模块划分和功能分配，后者详细描述每个模块的实现逻辑和细节。设计文档通常采用 UML 图等形式加以展示。

（5）开发文档

开发文档包括代码注释、命名规范、开发环境及工具设置等，以便于其他开发者理解和使用代码。

（6）测试文档

测试文档包含测试计划、测试用例和测试分析报告等，用于验证软件的功能和性能是否符合需求。测试文档有助于提升软件质量，确保符合用户期望和行业标准。

（7）用户手册

用户手册是为终端用户准备的文档，帮助用户理解和使用软件，包括安装指导、操作步骤和常见问题解答等。

（8）维护文档

维护文档主要用于软件发布后的维护，记录版本更新、故障处理和常见问题，以备未来参考。

（9）项目总结报告

该报告总结项目开发的实践，包括项目成果、实施过程中的问题、解决方案和未来改进建议等，为后续项目提供经验借鉴。

（10）进度报告

进度报告是定期提交项目进展情况的文档，描述进度、问题及解决措施等。

这些文档不仅增强了团队之间的沟通和协作，还为项目管理和后续维护提供了有力的支持。规范的文档编写可以提升开发效率，降低沟通成本，确保软件项目按计划进行并满足用户需求，在软件生命周期内起到了至关重要的作用。

第五章

平台应用与推广实例

5.1 使用方法介绍

5.1.1 平台登录

可以通过 3 种方式登录本服务平台。通过微信公众号访问，如图 5.1 所示，搜索"山东省农业科学院"公众号，点击【一键帮】，登录服务平台；或者通过微信搜索"舜耕科技一键帮"小程序访问，如图 5.2 所示，选择后即可一键进入；也可以通过扫描二维码访问服务平台，如图 5.3 所示。

图 5.1 通过微信公众号访问

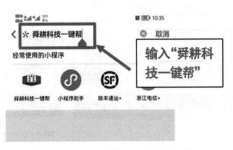

图 5.2 通过微信小程序搜索访问

图 5.3 通过扫描二维码访问

5.1.2 服务平台使用指南

5.1.2.1 用户端

(1)【问答】功能使用指南

【问答】功能的使用如图 5.4 所示，点击【问答】，即可查看其他用户给专家的留言和专家回复，再点击【分享转发】，可将【问答】内容分享给微信好友；点击【我的问答】进入页面可查看本人给专家留言和提问内容；点击【我要提问】，填写用户问题内容，点击【提交】完成提问；可以在前述【我的问答】中查看提问问题的处理进度。

图 5.4　【问答】功能的使用

（2）【专家】功能使用指南

【专家】功能的使用如图 5.5 所示，用户点击【专家】，进入专家领域页面，用户根据需求，选择某一领域，查看专家信息。例如，点击【玉米】，可以看到所有玉米领域专家的信息（包括姓名、职称、手机号、座机、擅长领域），点击【手机号】或【座机】，即可一键跳转拨号界面；点击【留言】，填写内容后，点击【提交】，完成留言；可以在【我的问答】中查看留言内容的处理进度。

（3）【慕课】功能使用指南

【慕课】功能的使用如图 5.6 所示，用户登录服务平台后，点击【慕课】进入，可查看服务平台中上传的农业技术知识课程；顶端【筛选】按钮可以筛选课程领域；点击某一课程，进入后可查看该课程简介及内容。

5.1.2.2　专家端

（1）专家登录与修改密码

专家登录到服务平台后，如图 5.7 所示，点击【问答】，再点击【专家登录】，在登录界面填写登录信息（账号为专家的手机信息，输入初始密码），点击【登录】。首次登录进入修改密码界面（根据提示填写初始密码和新设密码），必须修改密码；非首次登录，直接进入平台专家待处理问题的页面。

图 5.5 【专家】功能的使用

图 5.6 【慕课】功能的使用

（2）处理问题

专家登录小程序后，通过【问答】-【专家登录】（如图 5.7 所示），进入平台专家专属页面，如图 5.8 所示。【留言】下的内容为用户给专家一对一的留言，【提问】-【待处理】为专家待处理的用户问题，【回复】为专家已处理的用户问题，【驳回】为专家驳回的用户提交的无意义问题。专家点击【待处理】-【回复】（如图 5.8 所示），填写内容后，选择提交即可回复用户问题，点击【驳回】可以排除用户无意义的提问。专家每天早晚各登录一次服务平台专家端，并及时处理用户留言、提问。

图 5.7　专家登录与修改密码

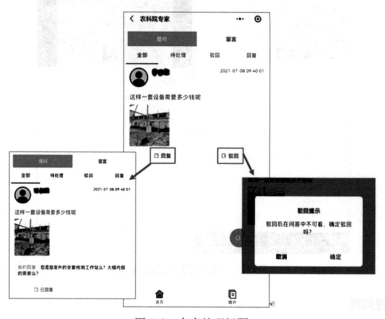

图 5.8　专家处理问题

(3) 专家查看平台数据

专家通过【问答】-【专家登录】进入后，点击【统计】，即可查看农业各个领域的农情问题。默认展示数据：地理位置为山东省、全农业领域、近两周的用户问题情况及专家答复情况，如图 5.9 所示。

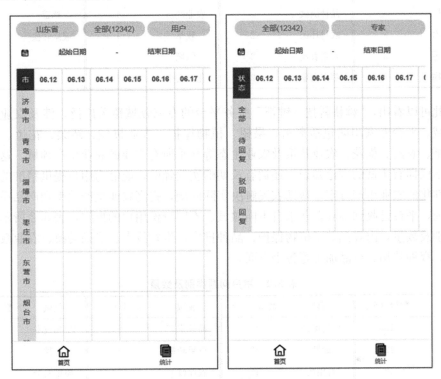

图 5.9　服务数据查看

5.2　整体应用情况

"舜耕科技一键帮"服务平台自推出以来，已在多个农业领域得到广泛应用。平台成功帮助农业从业者解决了种植、管理和销售等各方面的问题，提高了生产效率和经济效益。平台包含了山东省农业科学院近 700 位高层次专家信息，表 5.1 所示为专家数量及擅长领域信息。

表 5.1　专家数量及擅长领域信息

领域	数量（个）	领域	数量（个）	领域	数量（个）	领域	数量（个）
畜禽	82	质量安全	27	小麦	20	食用菌	10
果树	68	土肥	27	水稻	18	农业生态	8
植物保护	55	农药	25	农业信息	16	奶牛	7
农业机械	53	棉花	23	微生物	14	面源污染	7
蔬菜	44	产品加工	22	蚕桑	14	分子检测	7
花生	29	玉米	20	种质资源	10	杂粮	5

（续）

领域	数量（个）	领域	数量（个）	领域	数量（个）	领域	数量（个）
甘薯	5	育种栽培	2	茶学	2	花卉	1
农业工程	4	兽医	2	农业政策	1	大豆	1
中药材	3	品种测试	2	农业经济	1	草莓	1
生物技术	3	农村环保	2	牧草	1	成果转换	1
农业遥感	3	宏观农业	2	绿肥	1		
耐盐作物	3	都市农业	2	化工安全	1		

由此可以看出，"舜耕科技一键帮"服务平台的专家领域覆盖广泛，涉及农业的多个关键领域。平台专家团队包括畜禽、果树、植物保护、农业机械、蔬菜、花生、质量安全、土肥、农药、棉花、农业政策及农业生态等几乎所有主要的农业生产领域。这些领域的专家不仅拥有丰富的理论知识，还拥有长期的实践经验，能够为用户提供精准的技术指导和个性化的农业生产方案，帮助农民解决实际问题，提高农业生产效率和产品质量。

目前，平台已收到 800 多条来自不同领域、不同身份用户的提问，表 5.2 所示为用户问题类别及数量，内容涵盖了植物保护、品种推广、生物技术、成果转换、农业政策、农业机械、育种栽培、产品加工等各个方面。

表 5.2　用户问题类别及数量

领域	数量（个）	领域	数量（个）	领域	数量（个）	领域	数量（个）
玉米	133	植物保护	14	品种推广	6	生物技术	2
蔬菜	127	绿肥	13	成果转换	5	水稻	2
果树	123	食用菌	13	农业政策	5	质量安全	2
小麦	118	草莓	12	分子检测	4	都市农业	1
花生	79	种质资源	11	宏观农业	4	化工安全	1
甘薯	42	蚕桑	10	棉花	4	奶牛	1
畜禽	35	花卉	10	农业工程	4	农村环保	1
中药材	34	杂粮	10	农业经济	3	农业气象	1
农药	27	农业机械	9	兽医	3	农业生态	1
大豆	24	产品加工	7	微生物	3	品种测试	1
土肥	21	牧草	7	茶学	2		
农业信息	15	育种栽培	7	其他	2		

这些问题不仅来自农民、农业合作社和家庭农场主等农业从业者，还有来自农业技术推广人员、科研人员、农业企业和政府相关部门的咨询。这些提问反映了农业生产中的实际需求和痛点，也显示了平台在农业领域中的广泛影响力。通过对这些问题的分析与解答，平台不断完善自身的知识库和服务功能，致力于为广大用户提供更专业、更精准的技术支持，解决农业生产中的各类问题，真正实现专家与用户的无缝对接。

以下分别从农业管理类、技术指导类、院企合作类 3 个方面重点介绍"舜耕科技一键帮"平台在不同场景中的应用案例。

5.3　农业管理类应用案例

在使用"舜耕科技一键帮"服务平台的过程中，用户关于农业管理类问题的提问咨询最为集中。这些咨询主要涉及病虫害防治、农业政策、种植、杂草防治、农业机械等多个方面，反映了农业从业者对科学管理技术的需求。

5.3.1　案例1-黄瓜病虫害治理

某黄瓜种植户在"舜耕科技一键帮"服务平台上向专家提问："黄瓜叶子有黄色斑点，边缘卷起，整体泛白，需要打什么药？"专家根据描述，判断可能是黄瓜叶斑病，并指出温室内空气湿度过高或氮肥施用量过多是诱发因素。专家建议在晴天温度较高的中午适当通风，并增施磷钾肥。此外，专家提供了一系列农药喷施方案，包括：

（1）发病初期喷施64%噁霜·锰锌悬浮剂600～700倍液。

（2）喷施75%百菌清可湿性粉剂500倍液。

（3）喷施95%丙环唑可湿性粉剂1 000～1 500倍液。

（4）喷施50%异菌脲可湿性粉剂1 000～1 500倍液。

（5）喷施50%多菌灵可湿性粉剂800倍液。

每10d左右喷施1次，交替使用不同药剂，前期喷施频次较高，后期可适当减少，连续防治2～3次。通过平台专家的指导，该种植户及时采取有效措施，防治黄瓜叶斑病，保障了黄瓜的健康生长。

5.3.2　案例2-番茄病虫害治理

某番茄种植户在平台上向专家提问："番茄青枯萎蔫如何治理？"专家根据用户提出的问题，给出番茄青枯病防治的方法。

（1）农业防治

①实行轮作。发病严重地块，提倡与非茄科作物轮作4～5年，与水稻轮作效果最好，可减少田间病菌来源。

②加强田间管理。选高燥地，适时早播，提倡营养钵育苗，减少根系伤害，高畦深沟，合理密植，雨后及时开沟排水，防止积水，适当增施氮肥和钾肥，注意中耕技术和调节土壤酸度，及时打去病老叶，增加田间通风透光。

③清洁田园。及时拔除病株，病穴灌注20%石灰水消毒。收获后清除病残体，带出田外深埋或烧毁，深翻土壤，加速病残体的腐烂分解。

（2）生物防治

发病初期喷3%中生菌素600～800倍液，或72%硫酸链霉素可溶性粉剂4 000倍液喷雾，或3 000亿/g荧光假单胞杆菌粉剂6 500g/hm² 灌根，或多黏类芽孢杆菌10亿CFU/g可湿性粉剂每亩* 680g稀释后灌根。

　　＊　亩为非法定计量单位。1亩＝1/15公顷。

（3）化学防治

在发病初期开始浇根，每隔 7～10d 用药 1 次，每株浇药液 200～250g，连续 1～2 次，重病田视病情发展，必要时增加用药次数。高效、低毒、低残留防治用药，可选噻菌铜、春雷霉素等浇根。

通过平台专家的指导，该番茄种植户得以系统、全面地了解和应用番茄青枯病的综合防治措施。这些措施包括农业防治、生物防治和化学防治三大方面，使种植户能够针对不同情况采取最合适的应对策略。

5.3.3　案例 3-农业政策咨询

某用户在问答大厅中，向专家提问："请详细介绍一下家庭承包经营政策。"农业政策专家基于其专业知识和经验，详细解答了该用户的问题。

国家鼓励土地适度规模经营，也制定了相关的法规和政策，推动建立完善的土地流转制度和工作体系。关于政策法规，相关的政策法规主要有以下几个。

（1）《关于引导农村土地经营权有序流转发展农业适度规模经营的意见》，强调要积极稳妥地推进农村土地经营权有序流转。

（2）《关于完善农村土地所有权承包权经营权分置办法的意见》，即"三权分置意见"，可以有效保障农民土地权益，使土地流转得到保障。

（3）2018 年修订的《中华人民共和国农村土地承包法》，将"三权分置"政策上升为法律规范，使得农民在土地流转过程中的权益得到充分的保障。

（4）2021 年颁布的《农村土地经营权流转管理办法》，鼓励各地建立土地经营权流转市场或农村产权交易市场。

除以上主要的政策以外，地方的具体措施还需要咨询当地农业农村部门。关于扶持和补贴，目前主要是培育农民合作社、家庭农场、龙头企业等新型农业经营主体，发挥规模主体引领带动作用，引导土地经营权有序流转。一是印发《关于开展农民合作社规范提升行动的若干意见》，鼓励农民利用土地经营权作价出资加入农民合作社；二是印发《关于实施家庭农场培育计划的指导意见》，鼓励农村土地经营权有序向家庭农场流转；三是积极引导各地培育发展农业龙头企业，通过产销订单、土地托管、土地流转、资产入股、土地经营权入股等方式，不断完善龙头企业与农户的利益联结机制；四是强化金融支持，启动新型农业经营主体信贷直通车活动，为新型农业经营主体提供便捷有效的信贷服务。目前，还没有针对小农户个体私人流转的支持补贴。各地政策支持及力度不一，具体情况还请咨询当地农业农村部门。

通过专家的详细解答，该用户对家庭承包经营政策有了全面的了解。这些政策不仅保障了农民的土地使用权，还为农村经济的发展提供了坚实的制度基础。平台专家的专业解答帮助用户深入理解了农业政策，对其在实际生产中的应用提供了重要参考。

5.3.4　案例 4-烟薯种植技术

在使用"舜耕科技一键帮"服务平台的过程中，一位用户向专家咨询了烟薯 25 的种植技术。专家结合自己的专业知识，建议用户参考济薯 26 的栽培技术，并详细说明了关键要点。专家强调，为了防止黑斑病的发生，必须严格筛选健康的种薯，确保没有病斑、霉烂或破损，并在育苗前进行消毒处理。此外，他建议采用高剪苗法栽插大田，以减少病菌的传播。专家还指出，应该根据销售的时间窗口，适当调整种植密度，以避免薯块过大而影响市场需求，并建议在耕作时避免过深翻地，以防止薯块过长，影响产品品质。

在肥料管理方面，专家还强调，应减少氮肥的使用，多施用有机肥和硫酸钾等，以提高薯块的口感和色泽。他还特别指出了防治地下害虫和甘薯茎线虫的重要性，建议在栽插和起垄时采取预防措施。此外，为了防止地上部的旺长，专家建议在薯蔓长度达到一定程度时，适时使用调节剂控制植株的生长。专家的这些建议为用户提供了全面的指导，帮助他们在栽培过程中克服困难，实现高质量的薯类生产和最佳的经济效益。

5.3.5　案例5-杂草防治

某用户在使用"舜耕科技一键帮"服务平台时，通过拍摄自家草坪上杂草的图片，向平台专家咨询如何处理草坪上的杂草问题，如小蓬草、蒲公英、茅草等。植物保护专家在查看图片后，判断出草坪上以禾本科草坪草为主，其中混杂着一些阔叶杂草，如小飞蓬和蒲公英等。针对这些杂草，专家提供了具体的除草建议。

(1) 阔叶杂草的防除

专家指出，草坪中的小飞蓬和蒲公英属于阔叶杂草，相对容易防除。可以使用阔叶杂草除草剂，如"锐超麦"或"氯氟吡氧注射液"，这些除草剂能够有效杀灭阔叶杂草，而对禾本科草坪草的影响较小。在使用时，建议按照说明书的推荐浓度和喷洒方法进行操作，确保达到最佳的除草效果，并尽量避免对草坪草造成损伤。

(2) 白茅的防除难点

专家特别提醒用户，草坪中的白茅属于深根性禾本科杂草，防除难度更大。白茅根系发达，具有强大的再生能力，即使除草剂能够杀死地面部分，也很容易再次萌发，常规的选择性除草剂对白茅效果有限，无法彻底根除。

(3) 综合防除策略

为了有效控制白茅的生长，建议采用以下综合防除措施：深入除挖，对于小面积的白茅，可以考虑人工深挖，将其连根拔起，以减少再次萌发的可能性。此方法虽然可行，但对于小范围内的白茅效果最强。

5.3.6　案例6-农业机械咨询

微信名为"穷开森"的种植用户在"舜耕科技一键帮"平台上咨询关于甜玉米与花生间作套种模式的播种机、收获机等新型设备的购买信息。针对用户的提问，平台的农业机械专家作出详细回复，介绍了当前市场上相关机械设备的情况。

专家回复目前市场上专门针对甜玉米与花生间作套种模式的配套机具仍十分稀缺，特别是能够一次性完成花生和玉米同步播种的专用机具尚未实现批量生产和销售。虽然有个别企业曾研发过一批可以同时进行花生和玉米播种的组合式机具，但该设备的适用性和性能是否完全满足的种植需求，还需要进一步了解和验证。因此，专家建议用户直接与该设备生产企业联系，了解该机具的功能、适用范围以及具体操作效果，看是否符合机型模式要求。如果现有设备无法满足需求，建议采用分步播种的方式，分别使用播种机进行作业，一台专门播种甜玉米，另一台播种花生。这种方式虽然需要两次操作，但可以灵活调整播种深度、行距和密度，保证各作物的最佳播种生长条件。

5.3.7　案例7-品种选择

微信名为"冠县某农场"的用户在"舜耕科技一键帮"服务平台留言咨询山东省农业科学院研发的小麦新品种，有小麦专家在看到留言后立即向其介绍了山东省农业科学院新推出的小麦品种，并介绍了其相关的性状。其中，小麦品种有5个，分两种类型。

一种是高产类型，包括济麦38、济麦55和济麦70。济麦38是矮秆大穗高产品种，较好地解决了大穗和多穗的矛盾。济麦55是高产中强筋小麦品种，该品种综合性状优良、品质较好。济麦70是高产广适品种，较好地解决了多穗抗倒伏的问题。

另一种是优质强筋类型，包括济麦0435和济麦106。济麦0435是师栾02-1的后代，品质与师栾02-1相似。济麦106是矮秆强筋小麦新品种，抗寒性稍弱一些。

5.4　技术指导类应用案例

在"舜耕科技一键帮"服务平台的使用过程中，也涉及了技术指导类的咨询问题，显示出农业从业者对专业技术支持的需求。此类咨询问题主要围绕信息查询、检测技术等，帮助农户在生产过程中更加科学、高效地管理和操作。

5.4.1　案例1-农业信息

某用户在"舜耕科技一键帮"服务平台中的农业信息分类栏留言咨询如何外借山东省农业科学院图书馆的书籍。相关专家看到留言后，迅速作出了详细回复，介绍了山东省农业科学院图书馆的借阅和资源访问方式。

山东省农业科学院图书馆提供丰富的文献资源，现有纸本图书文献约20万册、电子图书4万册以及众多数据库，供用户进行检索和访问。以下是具体的资源借阅和访问方式。

（1）纸质文献借阅

用户可以访问山东省农业科学院图书馆的官方网站，进入"文献期刊"栏目中的"文献资料"，找到"馆藏书目检索"功能。该功能允许用户搜索图书馆的馆藏目录，查找所需的纸质图书。检索到所需的书籍后，用户需要联系图书馆工作人员进行借阅申请。可以通过电话、电子邮件或图书馆提供的其他联系方式进行联系。工作人员可为用户提供进一步的借阅指南，办理借阅手续。

（2）电子文献借阅

如果用户在山东省农业科学院院内的IP地址范围内，便可以在自己的计算机上直接访问、浏览和下载电子资源。无需额外的登录或注册步骤，用户可以方便地获取电子图书和数据库中的文献资料。若用户在山东省农业科学院院外的IP地址，需要访问电子资源，则可能需要特殊的访问权限或账户。具体操作请参照山东省农业科学院图书馆的相关规定或联系图书馆工作人员获取。

通过这些步骤，用户可以方便地获取山东省农业科学院图书馆的资源，满足研究和学习的需求。如果有任何疑问或需要进一步的帮助，建议直接联系图书馆获取支持。

5.4.2 案例2-检测技术

有部分用户在生产管理过程中需要一些如DNA检测、土壤检测等专业技术的支持，以保证农业生产的科学性和效率。此类专业技术的支持有助于提高作物质量、优化土壤管理以及实现精准农业。通过科学的检测技术，用户可以更准确地掌握生产环境的状况，制定合理的管理措施，提升生产效率和作物质量。这些技术支持不仅可以帮助用户解决当前的问题，还可以为未来的生产提供数据支持和决策参考。

例如，有用户咨询山东省农业科学院是否可以检测玉米DNA，相关专家回复道可以联系山东省农业科学院玉米研究所的分子生物学专家博士，并提供了专家的联系方式，方便用户直接进行详细咨询。专家的联系方式包括电子邮件和电话，用户可以通过这些方式获取更多关于DNA检测的具体操作和相关服务的信息。

同时，也有用户提出了关于土壤检测的需求。用户描述了土壤在浇水后表面易干裂，但深层有水，希望了解原因及改进和扩大种植的方法。针对这一问题，土肥专家建议用户携带一份土样（20cm深、约500g）到山东省农业科学院资源与环境研究所进行土质鉴定和养分含量检测。通过土壤样品分析，专家能够详细评估土壤的物理性质和化学性质，提供改进方案和运营建议。

这些服务体现了"舜耕科技一键帮"平台在提供专业技术支持方面的优势，帮助用户解决生产中的实际问题，提高农业生产的科学性和效率。

5.5 院企合作类应用案例

在"舜耕科技一键帮"平台上，院企合作的咨询主要涉及农业科研机构与企业之间的合作模式、项目合作、技术转移和成果应用等方面。院企合作有助于推动科技成果产业化应用，促进农业技术进步和发展。

5.5.1 案例1-技术转移

某企业在使用"舜耕科技一键帮"平台的过程中，表达了其对农业科技领域的高度关注，尤其是在育种、植物保护、田间管理、农机和食品加工等多个关键领域寻求投资机会。该企业目前正深入研究固相芯片与液相探针芯片的最新技术，特别是这些技术在动植物育种全基因组测序领域的应用前景。

在咨询山东省农业科学院相关专家时，该企业希望了解这些先进芯片技术在当地科研机构中的使用情况和应用潜力。一位专家回复道，目前实验室主要依托DNA测序仪和实时荧光定量PCR仪等分子生物学仪器，开展了大量的技术研发和服务工作，而芯片相关的技术尚未涉足。但专家也表示，实验室十分欢迎企业来交流学习，共同探讨前沿技术的应用，并提供了联系方式。

这种互动表明了企业能够通过"舜耕科技一键帮"平台有效对接农业科研机构，了解前沿科技的应用情况，并为未来合作铺平道路。同时，这也为科研机构提供了一个与市场需求对接的机会，双方在探索新技术的过程中，能够找到潜在的合作方向，共同推动农业科技的进步。

5.5.2 案例2－合作推广

某企业在"舜耕科技一键帮"平台上留言，介绍了其最新生产的一款鸡粪萃取液。该产品呈现葡萄酒般的色泽，透亮且质地优良。企业希望邀请平台的专家从肥效、应用场景以及特定作用等多个方面对产品进行评估与建议，以此推动院企合作，促进产品的进一步推广。该企业期待通过与农业科研专家的合作，共同研究鸡粪萃取液在农业生产中的具体应用，他们希望通过专家的专业指导，使产品更具市场竞争力，从而达到科技助力产品推广的效果。

对此，相关领域的专家迅速回应，表示非常愿意提供帮助。但在回复中提到，需要等到产品的检测报告出具后，再进行详细的交流和评估。这表明专家在技术评估和合作方面的严谨态度，同时也体现了双方在院企合作中对科学数据和实地检测的重视。

这一互动展现了"舜耕科技一键帮"平台在推动院企合作中的实际功能，平台不仅帮助企业对接专家资源，还为技术评估和合作洽谈提供了便捷的桥梁，使企业在科研支持下更好地优化产品，推动市场化应用。

5.6 案例分析

问答功能是"舜耕科技一键帮"平台的一大特色，用户可以直接向专家提问并获得专业解答。自平台上线以来，已收到 800 多个用户的提问和留言请求，其中已累计处理了450 多条用户问答请求，涉及作物种植栽培、病虫害防治、院企合作及技术咨询等多个领域。

由图 5.10 可以看出，目前专家们已针对用户提出的病虫害防治、养殖技术等多个领域进行了细致的回答，涵盖了作物保护、土壤管理、动物养殖等多方面的内容。这些专业解答不仅帮助用户解决了实际生产中的问题，还为他们提供了科学的指导和建议，使农业从业者能够更加自信地应对各种挑战。

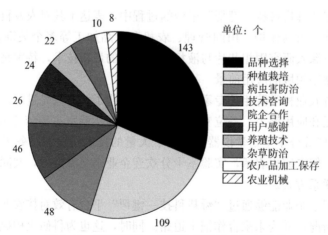

图 5.10 "舜耕科技一键帮"问答请求处理情况

在咨询的类型中，用户的主要关注点集中在农业生产管理过程中的各种问题。这些问题涵盖了作物栽培、病虫害防治、土壤改良、肥料施用、作物轮作等多个方面。用户咨询的具体内容常常涉及作物的生长周期管理，如何时播种、何时施肥、如何防治病虫害等，以及在应对极端天气或异常气候时的应对措施。此外，用户还会咨询关于作物品种选择和优化生产技术的建议。例如，如何选择适合当地气候和土壤条件的作物品种，以及如何应用最新的农业技术提高产量和品质。农作物生长中的病虫害问题也是咨询的一个重要类别，用户希望了解如何识别常见的病虫害，以及使用何种农药和采取何种防治措施最为有效。同时，用户对农产品的市场行情、销售策略和品牌建设等方面也表现出浓厚的兴趣，他们咨询如何更好地定位产品，拓展销售渠道，以及如何通过改进生产管理提高产品质量和市场竞争力。对于养殖业从业者，他们的咨询则集中在动物疫病防控、饲料配方、养殖环境管理等方面，旨在提高养殖效率和经济效益。通过这些咨询，用户希望获取权威、实用的农业知识和技术指导，以解决生产管理中遇到的实际问题，优化生产过程，提升农业生产效益。这种针对性强、贴近实际的咨询反映了用户对高质量农业服务的强烈需求，也突显了"舜耕科技一键帮"平台在提供精准农业指导和支持方面的重要作用。

平台促进了 26 次院企合作，这些合作不仅涉及用户自己生产的产品，还包括山东省农业科学院自主研发的农作物品种的推广与合作。这些院企合作项目不仅有助于将科研成果转化为生产力，也为用户提供了更多优质的种植和养殖选择。例如，平台帮助推广了一些抗病性强、产量高的新型作物品种，这些品种通过与当地农业企业的合作推广，迅速进入市场，为农民带来了实实在在的经济收益。这些合作项目也推动了农业技术的普及和应用，进一步提升了全行业的技术水平。这种双向的互动与合作，不仅加深了用户与专家、企业之间的联系，也推动了农业科技成果的转化和落地，极大地促进了农业生产的现代化和可持续发展。

以下是问答功能应用情况的分析。

（1）用户活跃度高

"舜耕科技一键帮"平台上的问答功能受到广大农业从业者的欢迎，尤其是在作物生长的关键期，如播种、移栽、施肥、病虫害高发期等，用户提问频率显著增加。这一现象表明，农业从业者对平台的依赖程度较高，他们希望通过平台获得及时、专业的指导来应对生产中的各种问题。平台的便捷性和专家的专业性，使用户能够迅速获取有效的信息，增强了农业生产中的决策信心。这种高频次的互动，不仅提升了用户的活跃度，也进一步加深了用户对平台的信任和依赖。

（2）回答质量高

平台的专家团队由多领域的资深专家组成，他们具备丰富的理论知识和实践经验，能够针对用户提出的问题提供及时、高质量的回复。这些回复不仅详尽具体，而且具有很强的可操作性，帮助用户解决了许多在实际生产中的棘手问题。用户反馈显示，专家的建议在实际应用中取得了良好的效果，不仅提高了作物的产量和质量，还减少了病虫害造成的损失，用户满意度显著提升，这也反映了平台在服务质量和专业水平上的优势，进一步巩固了其在农业从业者心中的地位。

（3）常见问题库的建设

平台基于大量用户提问的数据，逐步建立了一个丰富的常见问题库。这个问题库涵盖了农业生产中的各种常见问题和相应的解决方案。用户可以通过关键词搜索，快速找到与自己的问题相似的解答，从而提高了问题解决的效率。这种自助式的知识获取方式，既方便了用户，也减轻了专家团队的负担，使专家能够集中精力处理更复杂和更紧急的问题。同时，常见问题库的建设，也反映了平台在知识管理和信息组织方面的能力，帮助用户更好地利用已有的资源，提高整体服务水平。

第六章
创新点和展望

6.1 创新点

（1）专家咨询系统便捷

"舜耕科技—键帮"平台的专家咨询系统是其最具创新性的功能之一。通过这一系统，农业从业者能够直接与专家进行交流，打破了传统农业咨询中时间和空间的限制。实时消息推送和通知功能确保了用户与专家之间的高效互动，使得咨询问题能够快速得到回应。这一功能不仅提高了农业从业者获取专业知识的便捷性，还大大提升了农业生产效率。

（2）用户界面友好

平台的前端设计注重用户体验，界面友好、操作直观，直接从微信小程序一键实现登录，这一设计不仅提升了用户的操作体验，还扩大了平台的使用范围，使得农业从业者无论在何时何地都能方便地使用平台提供的服务。直观的导航、简洁的布局和清晰的信息提示，使用户能够轻松找到所需功能，提高了平台的可用性。

（3）系统架构高效

平台的后端系统采用了先进的技术架构，具备高效的数据处理和业务逻辑，实现了高并发访问和大规模数据处理。系统架构的设计不仅保证了平台的高性能和稳定性，还为未来的扩展和优化提供了良好的基础。

6.2 展望

（1）扩展服务范围

未来，平台将进一步扩展服务范围，涵盖更多的农业领域和作物类型。通过不断引入新的数据源和专家资源，平台将为更广泛的农业从业者提供服务，满足不同用户的多样化需求。

（2）深化智能分析

随着大数据和人工智能技术的发展，平台将在数据分析和智能预测方面进行深入探索。通过引入机器学习和深度学习算法，平台将提供更精准的农作物管理建议和风险预测，进一步提高农业生产的智能化水平。

（3）提升用户互动体验

平台将继续优化用户与专家的互动机制，增加更多的互动形式，如视频咨询、在线讨论社区等。通过丰富的互动形式，平台将进一步提升用户的参与度和满意度，打造一个高效的农业知识共享和交流平台。

（4）加强国际合作

平台将积极寻求与国际农业组织和研究机构的合作，学习和引入国际先进的农业技术和管理经验。通过加强国际合作，平台将提升自身的技术水平和服务质量，助力农业的现代化和国际化发展。

（5）推广和应用

平台将通过多种渠道进行推广，扩大用户群体，并积极探索在实际农业生产中的应用。通过与地方农业农村部门、农业企业和农民合作社的合作，平台将深入农业生产一线，帮助农业从业者提升生产管理水平，实现农业增效增收。

参考文献

鲍越，2023. 科技创新支撑泰州现代农业绿色高质量发展研究［J］. 现代农机（4）：7-9.

陈晓华，2011. 农业信息化概论［M］. 北京：中国农业出版社.

褚喆，2023. 基于BP神经网络的智慧农业云服务平台设计［J］. 农业技术与装备（5）：51-53，56.

丁亮，2016. 中国农业信息化与农业现代化协调发展研究［D］. 咸阳：西北农林科技大学.

范可昕，孙坦，赵瑞雪，等，2023. 农作物种质资源知识服务平台比较研究与启示［J］. 农业图书情报学报，35（5）：64-73.

冯国礼，李蓉，吴双，2022. 基于人工智能技术的电力信息系统运维数据整合方法［J］. 电力信息与通信技术，20（1）：68-73.

冯茂林，董坚峰，2021. 大数据环境下的农村信息服务平台建设研究［J］. 农业图书情报学报，33（7）：63-71.

贾志威，张博，沈剑波，2023. 基于中国农业社会化服务平台的服务资源整合与路径分析［J］. 农业工程技术，43（20）：13-14，17.

姜宗庆，万家航，叶嘉嘉，等，2024. 泰州市新型农业社会化服务体系构建［J］. 现代园艺，47（3）：192-194.

李宝燕，2024. 我国数字经济与农业经济的有效结合路径［J］. 农村经济与科技，35（16）：39-42.

李竹林，须晖，江红霞，2017. 农业云计算环境下大数据处理软件的选型与部署［J］. 农业网络信息（5）：90-94.

刘波，2021. 基于多源数据集成的地理信息系统数据高效整合研究［J］. 经纬天地（5）：93-96.

刘成成，2023. 基于农业信息化的现代农业发展与展望［J］. 南方农机，54（7）：171-173，183.

芦千文，韩馥冰，2023. 农业生产性服务业：世界历程、前景展望与中国选择［J］. 世界农业（5）：32-43.

路辉，2023. 构建农民信得过的一体化现代农业服务平台［J］. 江苏农村经济（8）：53-54.

罗毅，李莉，申谋，2024. 农业农村信息化服务平台建设探索：以贵州省大数据村域经济服务社信息管理综合业务平台为例［J］. 农技服务，41（8）：37-43.

邱凯，刘李福，张俤，等，2023. 基于云端的小农户综合服务平台构建研究［J］. 昭通学院学报，45（6）：88-98.

任志鹏，齐国威，2017. 农业信息化发展现状及改进措施［J］. 黑龙江科技信息（6）：180.

苏萌，2023. 浅谈农业现代化与农业信息化建设［J］. 农业工程与装备，50（3）：47-48，51.

沈沾红，王闫利，姜淦，2024. 四川智慧农业气象服务手机App平台设计与应用［J］. 贵州农业科学，52（1）：125-133.

孙辉，2012. 绿色农业信息服务平台建设研究［D］. 北京：中国农业科学院研究生院.

陶忠良，管孝锋，陈毓蔚，2018. 基于农业大数据的信息共享平台建设［J］. 产业与科技论坛，17（11）：56-57.

王定华，2024. 农村信息化背景下农业技术推广策略研究［J］. 数字农业与智能农机（1）：34-36.

王国军，卫海滨，杨华，等，2024. 上海市农业种质资源信息共享服务平台设计与应用［J］. 植物遗传资源学报，25（3）：421-430.

王儒敬，2013. 我国农业信息化发展的瓶颈与应对策略思考 [J]. 中国科学院院刊（3）：337-342.

王文宇，王立华，2015. 关于农业信息化建设创新发展思路的探讨 [J]. 农业科技管理（5）：71-74.

王永福，2024. 信息化时代完善我国农业技术推广体系的探讨 [J]. 黑龙江粮食（3）：105-107.

伍音子，2023. 科技赋能下农业产业链服务发展的趋向与实现路径 [J]. 甘肃农业（11）：32-36.

夏露，张俊，瞿荣锦，2024. 基于云存储的农业信息化服务平台架构设计 [J]. 信息与电脑（理论版），
36（1）：114-116，120.

项丹丹，项梦丹，潘丽芹，等，2024. 乡村振兴战略背景下高素质农民数字化培育策略研究 [J]. 智慧
农业导刊，4（8）：180-183.

徐佳丽，2022. 基于大数据的计算机课程教学资源整合系统设计 [J]. 信息与电脑（理论版），34（15）：
122-124.

徐霞，2022. 基于虚拟化技术的服务器端数据整合系统设计 [J]. 电子技术与软件工程（1）：233-236.

许正娟，2023. 乡村振兴战略背景下数字化对我国农业经济发展影响研究 [J]. 现代农村科技（4）：
101-102.

姚迎乐，李建，2022. 基于数据挖掘的大数据应用技术课程线上教学资源整合系统设计 [J]. 信息与电
脑（理论版），34（13）：244-246.

于鹏博，2024. 大数据技术赋能乡村振兴研究 [J]. 农村经济与科技，35（8）：118-121.

余万民，范蓓蕾，钱建平，2020. 基于云计算的农业大数据共享服务平台研发 [J]. 中国农业信息，32
（1）：21-29.

袁菲，王宁，王飞，等，2023. "新基建"背景下农业创新共享平台构建与服务对策研究 [J]. 黑龙江粮
食（6）：54-56.

袁俐雯，张露，张俊飚，2023. 农业服务信息化对农户生产效率的影响：基于服务环节与服务对象的双
重考察 [J]. 农业现代化研究，44（6）：1059-1069.

张爱桥，2012. 我国农业信息化发展研究 [D]. 咸阳：西北农林科技大学.

张丹丹，赵瑞雪，王剑，等，2023. 数据密集型农业科研服务平台架构设计 [J]. 数字图书馆论坛，19
（10）：71-78.

赵春江，2019. 智慧农业发展现状及战略目标研究 [J]. 智慧农业，1（1）：1-7.

图书在版编目 (CIP) 数据

新型农技服务平台的建设与应用实例 / 齐康康，王
帅，樊阳阳著. -- 北京：中国农业出版社，2024.12.
ISBN 978-7-109-32974-4

Ⅰ. F327.52

中国国家版本馆 CIP 数据核字第 2025C7857F 号

新型农技服务平台的建设与应用实例
XINXING NONGJI FUWU PINGTAI DE JIANSHE YU YINGYONG SHILI

中国农业出版社出版

地址：北京市朝阳区麦子店街 18 号楼

邮编：100125

责任编辑：冀　刚　牟芳荣

版式设计：王　晨　责任校对：赵　硕

印刷：中农印务有限公司

版次：2024 年 12 月第 1 版

印次：2024 年 12 月北京第 1 次印刷

发行：新华书店北京发行所

开本：787mm×1092mm　1/16

印张：14.25

字数：346 千字

定价：78.00 元